AF525066

Monika Krumbach

Dekorative Keramik

Muster und Ornamente finden und anwenden

Impressum

Verlag und Autorin haben alle Inhalte nach bestem Wissen und mit größter Sorgfalt zusammengestellt und überprüft. Dennoch kann keinerlei Haftung für Schäden welcher Art auch immer übernommen werden. Alle in diesem Buch vorgestellten Ideen und Gestaltungsvorschläge sind geistiges Eigentum der Autorin. Eine kommerzielle Verwendung darf nur mit schriftlicher Zustimmung der Autorin erfolgen.

Sicherheitshinweise

Im Umgang mit allen beschriebenen Werkzeugen und Werkstoffen bitte die übliche Vorsicht und Sorgfalt walten lassen, um Verletzungen und Gesundheitsschäden zu vermeiden. Beim Arbeiten mit Glasuren und Chemikalien im Zweifelsfall Handschuhe, Schutzbrille und leichte Staubschutzmaske tragen. Bei empfindlichen Personen können manche Substanzen Allergien hervorrufen.

Ökotipps

Energie und Rohstoffe sind heute wertvoller denn je. Speziell die hohen Brenntemperaturen bei der Keramikherstellung kosten sehr viel Energie. Bitte verhalten Sie sich umweltbewusst und verschwenden Sie nichts:

- Tonreste wieder aufarbeiten und neu verwenden.
- Geräte wassersparend reinigen, in einer Wanne statt unter laufendem Wasser schrubben.
- Nur wirklich gelungene Stücke brennen.
  Unbefriedigende Experimente lieber wieder einsumpfen.
- Objekte nicht größer und massiger als nötig gestalten.
- Wo sinnvoll, Materialmix: Große Sockel und redundante Teile besser aus Holz, Gips etc. statt aus Ton ergänzen.
- Glasurreste und Chemikalien nicht in die Umwelt gelangen lassen. Fachgerecht als Sondermüll entsorgen.
- Nur entsprechend gekennzeichnete schadstoffarme Produkte verwenden.

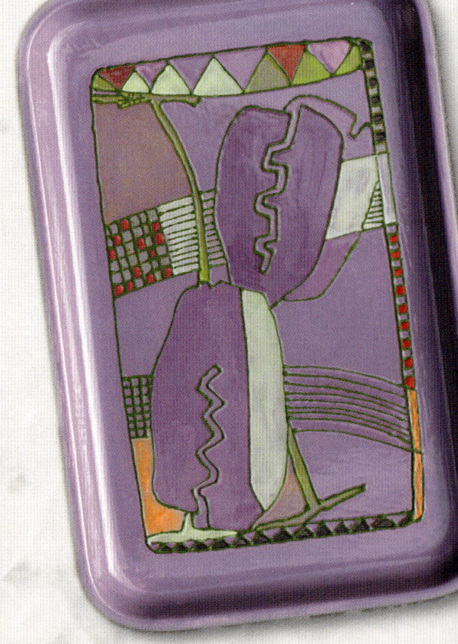

Lektorat: Dieter Krumbach
Satz: Martin Kring, Lahnstein
Druck: Druckerei Dimograf, Bielsko-Biala
Text: Monika Krumbach, Nürnberg
Fotos und Skizzen: Monika Krumbach, Dieter Krumbach

Monika Krumbach
Dekorative Keramik
Muster und Ornamente finden und anwenden

1. Auflage 2015
ISBN 978-3-936489-52-1

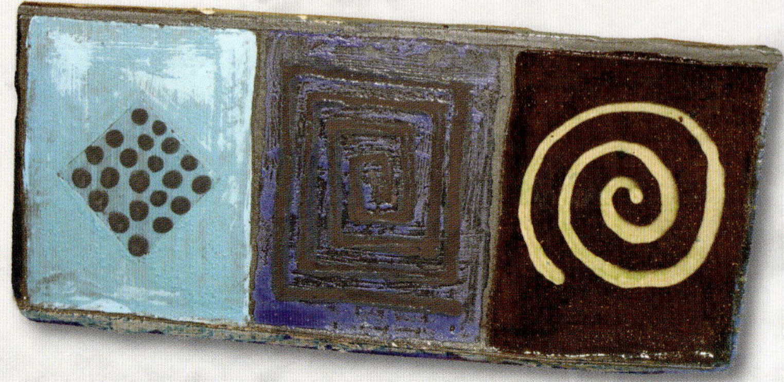

Hanusch Verlag
Zeppelinstraße 11
56075 Koblenz
Internet: www.hanusch-verlag.de
e-mail: info@hanusch-verlag.de

Inhalt

Vorwort

Wir sind ständig von Farben und Mustern umgeben. Bunte Kleidungsstücke und Heimtextilien, Geschirr und Deko bereichern den Alltag. Ton und Keramik eignen sich ausgezeichnet, um eigene Ideen kreativ umzusetzen. In diesem Buch geht es vor allem um individuell gestaltete Oberflächen. Bewährte Glasurtechniken und neuartige Werkstoffe bringen ohne großen Aufwand schnell ansprechende Ergebnisse. Statt Ornamente einfach zu kopieren, entwickeln Sie mit ein paar vorangestellten Überlegungen Ihren persönlichen Stil. Anregungen aus unterschiedlichsten Kunstepochen und Bereichen geben Impulse.

Verlag und Autorin wünschen viel Spaß beim Ausprobieren.

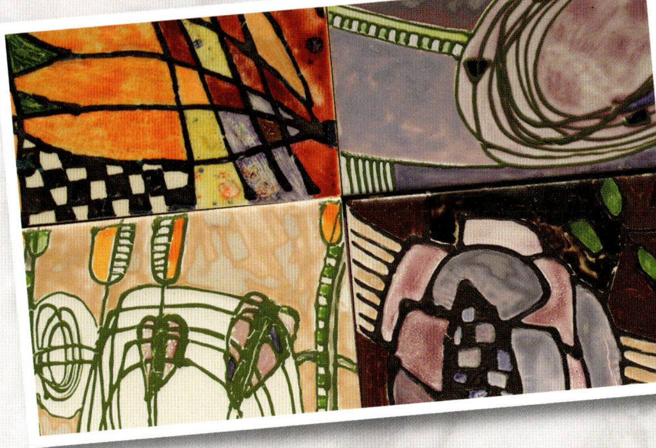

ROHLINGE UND BRAND

Die vorgestellten Muster eignen sich für gekaufte Rohlinge und eigene Werkstücke – ob frei aufgebaut, an der Scheibe gedreht oder gegossen. Manche Techniken verlangen geschrühte, andere vorglasierte Teile. Einfache Teller und Schalen können Sie nach den Anleitungen bei den entsprechenden Projekten leicht selber töpfern.

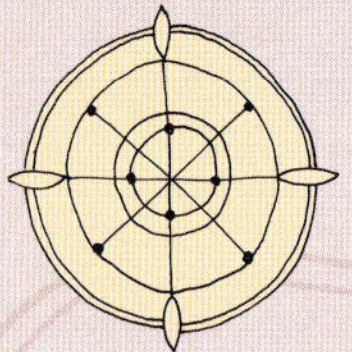
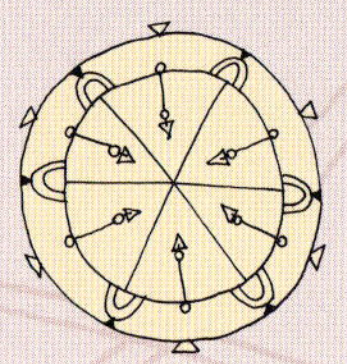
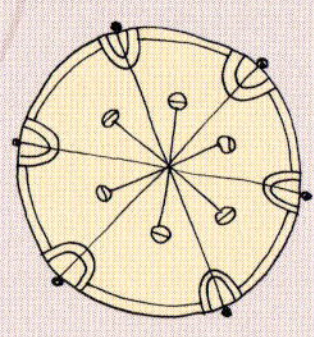

HALBFERTIGWARE

Wenn Sie sich ganz auf die Oberfläche konzentrieren möchten, finden Sie im Keramikfachhandel eine große Auswahl an geschrühten Geschirr- und Dekoobjekten (Biskuit). Die porösen Oberflächen sind ideal zur Aufnahme von Glasuren und färbenden Substanzen und lassen sich unkompliziert und formstabil bis etwa 1100 °C brennen.
Genial einfach für Musterversuche sind auch weiße glasierte Badezimmerkacheln, preisgünstiges weißes Porzellan (zweite Wahl, Flohmarkt) sowie nicht imprägnierte Terrakottablumentöpfe aus dem Gartenmarkt.

Schlichte Schalen zum Bemalen und Glasieren können Sie aus hellem Ton leicht selber töpfern.

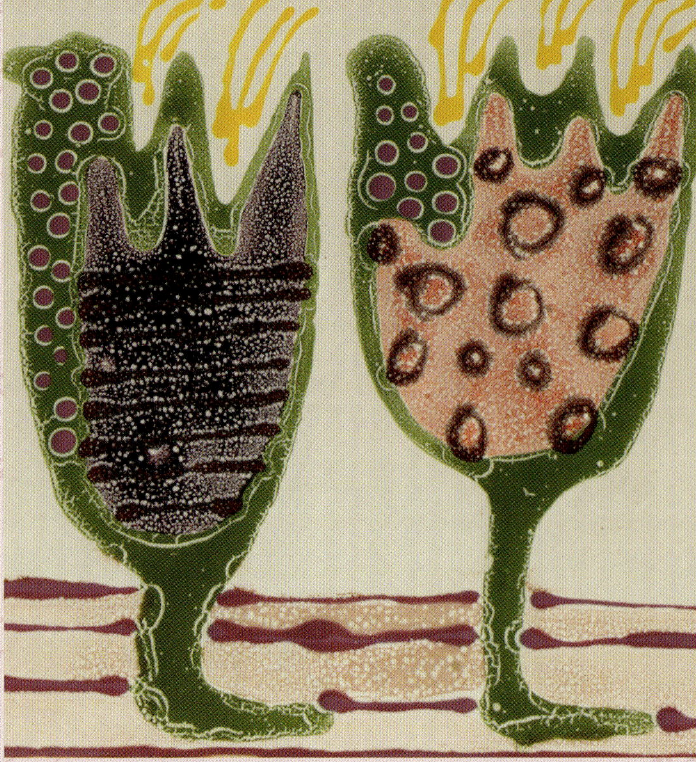

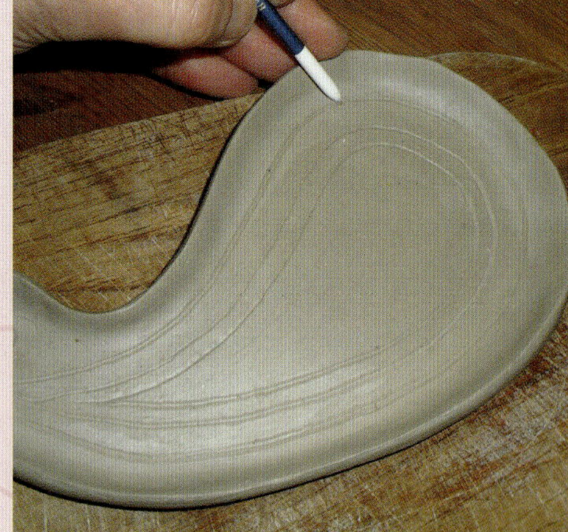

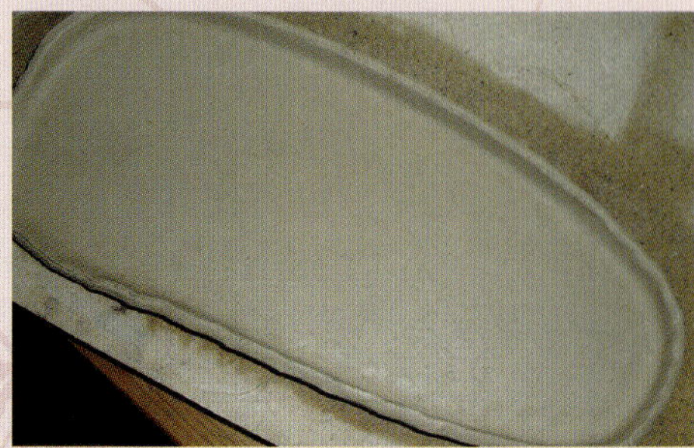

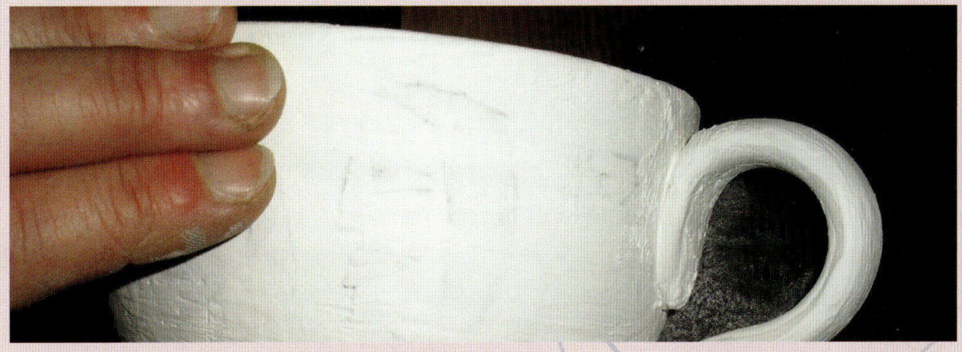

Brennen

Flüssigglasuren und Dekorfarben sind im Gegensatz zu gewöhnlichen Pulverglasuren nach dem Trocknen abriebfest und in Papier verpackt gut transportabel. Brennservice bieten neben Hobbykursen und Keramikcafés manche Töpfereien und Bastelläden. Die meisten hier vorgestellten Muster verlangen nur einen Brand, d.h. sie werden direkt in die rohe Glasur gemalt oder direkt nach dem Aufbringen überglasiert. Die Techniken eignen sich für Irdenware (etwa 1020-1060 °C) und bedingt auch für Steinzeug. Manche Dekorfarben verbrennen allerdings bei höheren Temperaturen. Bitte immer Herstellerangaben beachten.

Tipps

- *Geschrühte Oberflächen möglichst wenig anfassen, damit sie vollkommen fettfrei bleiben. Glasiertes Porzellan vor dem Bemalen spülen. So haften Glasuren und Dekorfarben besser.*
- *Eigene Werke zum Bedrucken und Bemalen nach dem Schrühbrand mit feinem Schmirgelpapier nachglätten.*

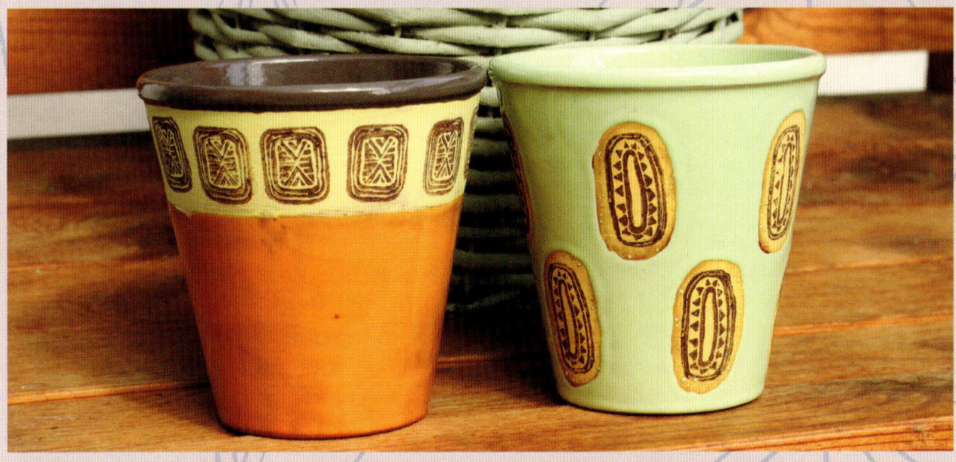

Matt glasierte Fliesen, weißes Porzellan und Terrakottablumentöpfe eignen sich ausgezeichnet zum Gestalten.

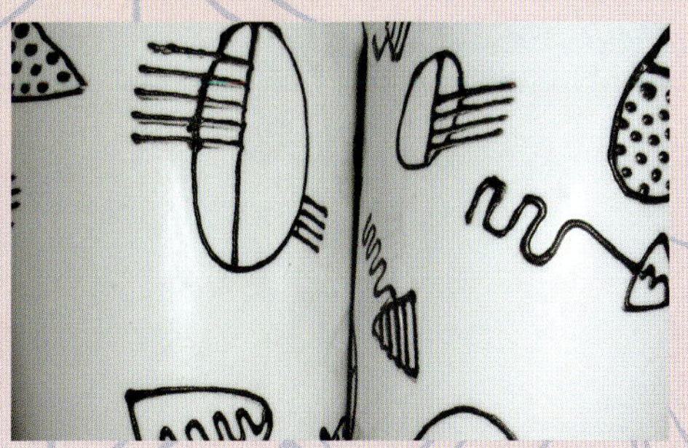

Glasuren, Engoben, Farbgebung

Beim Umsetzen eigener Entwürfe haben Sie die Qual der Wahl zwischen Dutzenden von Spezialtechniken, keramischen Farbstoffen und Produktlinien. Das Farbspektrum erweitert sich ständig. Pulverglasuren und verarbeitungsfertige Flüssigglasuren sind gut kombinierbar, aber sehr unterschiedlich anzuwenden.

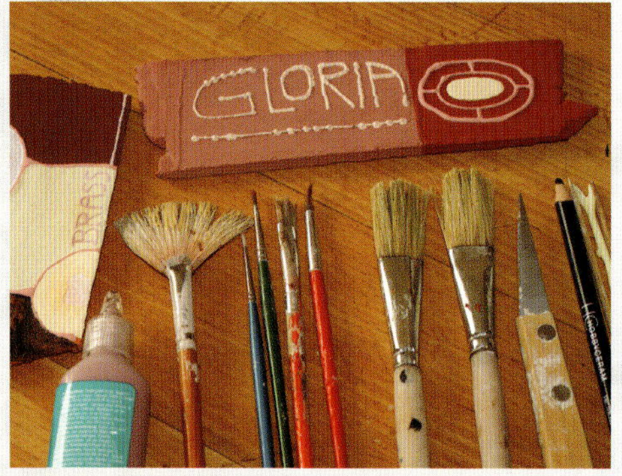

Engoben

Traditionelle Pulverengoben werden auf rohen, meist lederharten Ton aufgebracht. Gebrauchsfertige Flüssigengoben eignen sich teilweise auch für geschrühte Untergründe (Unterglasurfarben/Cover-Coat). Wenn die Objekte vorab ein paar Minuten gewässert werden, ist die Engobe besser zu verstreichen. Für voll deckende Farben sind meist zwei Überzüge nötig.

Engoben verfließen beim Brand nicht, lassen sich untereinander mischen und mit Farbkörpern einfärben. Werden sie transparent oder leicht abgetönt überglasiert, leuchten sie intensiver und die Oberfläche ist unempfindlicher.

Unterglasurfarben

Cover-Coat, Concepts etc. sind gut deckende, äußerst leuchtkräftige Engobeprodukte. Manche Fabrikate können direkt nach dem Trocknen mit Glasurschlicker überzogen werden. Das erspart einen zusätzlichen Brand.

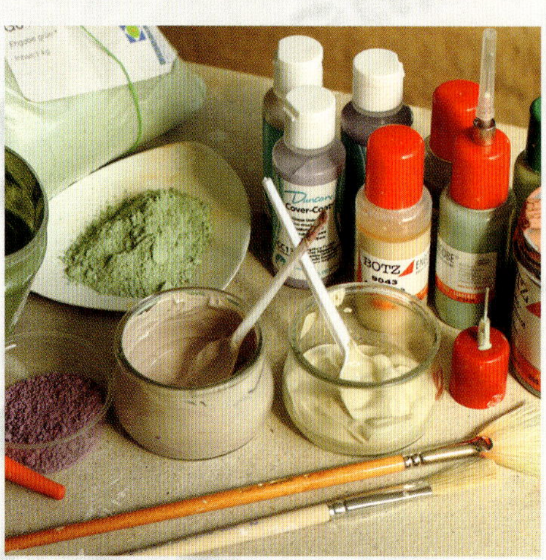

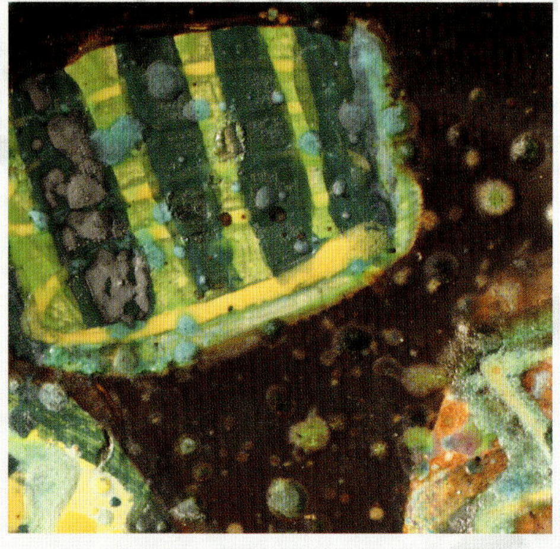

Glasuren

Die Auswahl umfasst glänzend, matt, deckend, transparent, metallic und Effekte wie Krakelee (hauchfeine Rissnetze). Nicht alle Glasuren sind lebensmittelecht und für Gebrauchsgeschirr geeignet. Bitte Packungsangaben beachten. Produkte verschiedener Hersteller können meist gut nebeneinander verwendet werden.

Verarbeitungsfertige Flüssigglasuren lassen sich einfach mit dem Pinsel aufstreichen, laufen meist nicht, sind nach dem Trocknen ziemlich grifffest und schmelzen sehr glatt aus.

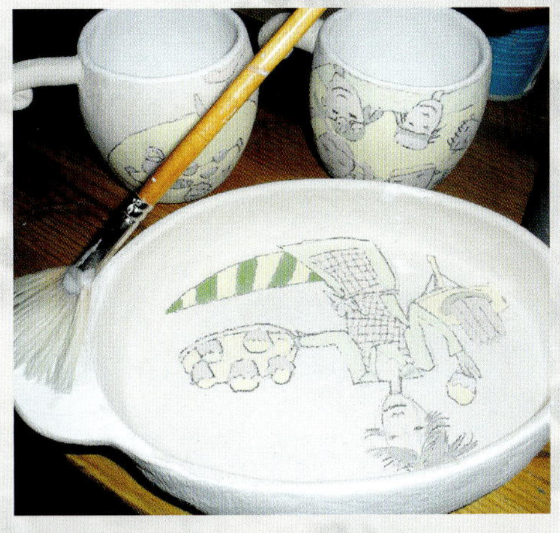

Glasurauftrag

Tauchen und Schütten: Größere Teile für einfarbige Überzüge komplett in den Glasureimer tauchen oder mit Kelle überschütten. Trocknen lassen, Boden feucht abwischen.

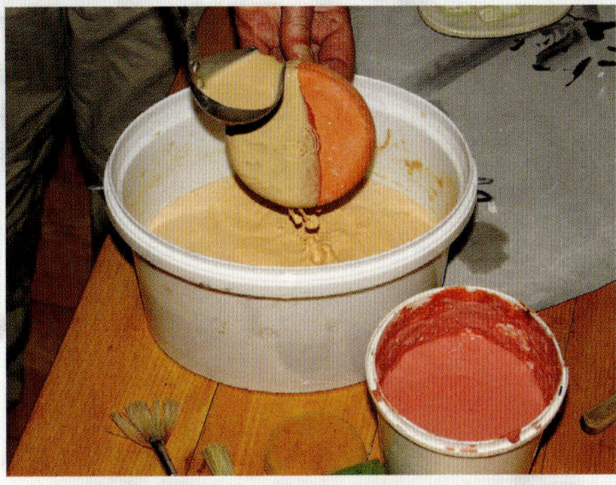

Flüssigglasuren: Gründlich aufrühren, mit breitem Pinsel auf die trockene oder gewässerte geschrühte Oberfläche streichen: erste Lage waagrecht – trocknen lassen – zweite Lage senkrecht dazu. Für deckenden Auftrag sind zwei bis drei Lagen nötig.

Malen: Glasurschlicker mit Malhorn oder Pinsel auf freie oder vorglasierte Flächen streichen. Die Konturen verschwimmen im Brand mehr oder weniger.

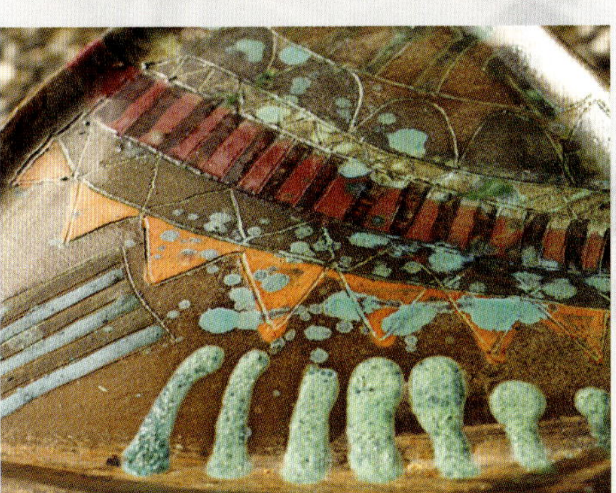

Strukturglasuren/Liner: Fläschchen kräftig schütteln, Luft herausdrücken. Die Linien bleiben nach dem Brand erhaben, verlaufen kaum und können mit weiteren Glasuren kombiniert werden. Z.B. Konturen mit Strukturglasur malen und mit Flüssigglasur auffüllen. Oder Strukturlinien auf frisch glasierte Grundfläche malen. Dabei die Malspitze etwas oberhalb führen, ohne die Fläche zu berühren.

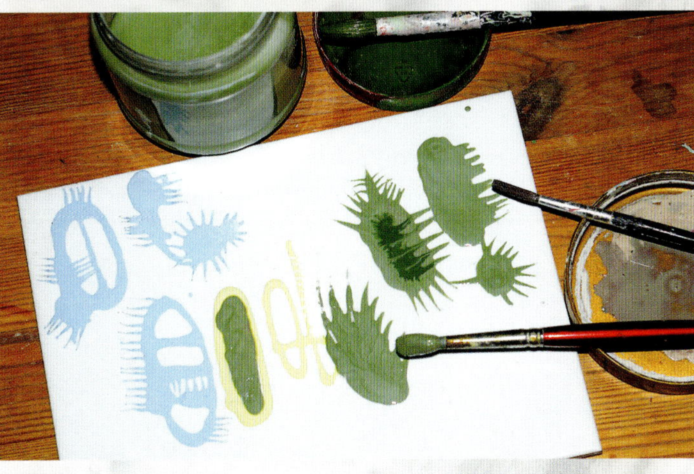

Details werden mit Pinsel, Malhorn oder Malfläschchen mit speziellen Kanülen/Malspitzen ausgeführt. Letztere erlauben sehr dünne gleichmäßige Linien. Wenn die Öffnungen verstopfen, mit einem dünnen Drahtstück durchstechen.

Spezialprodukte und Techniken

In- und Aufglasurfarben, Majolika, Dekorfarben

Feine Malfarben sind flüssig und in Näpfe gepresst als Malkästen erhältlich. Sie werden auf den geschrühten oder bereits glasierten und nochmals gebrannten Scherben oder auch in die rohe getrocknete Glasurschicht (Majolika) gemalt. Für optimale Ergebnisse möglichst die vom Hersteller empfohlenen, auf das jeweilige Produkt abgestimmten Trägerglasuren verwenden.

Malfertige Dekorfarben (Unidekor) sind universell in, auf und unter Glasuren für Aquarellefekte wie auch deckenden Auftrag einsetzbar. Farbpulver wird nach Herstellerangaben mit öligem Malmedium verrührt.

Farbkörper

Hauchfein vermahlene Farbpulver dienen zum Einfärben von Ton, Glasuren und Engoben. Die intensive Tönung verstärkt sich im Brand noch.

Pausen, Stempeln, Aussparen

Mit keramischen Farbstoffen beschichtetes Graffitopapier wird wie normales Durchschlagpapier eingesetzt. Fertig gekaufte oder selbst geschnittene Gummistempel lassen sich optimal mit keramischen Stempelkissen abdrucken. Beides ist ideal für feine Musterungen.

Flüssige Wachsemulsion und Latex werden für Ausspartechniken auf die geschrühte oder glasierte Oberfläche gestrichen und mit färbenden Substanzen überzogen. Die vorbehandelten Stellen nehmen diese nicht an.

1 Majolikamalkasten

2 Auftrag mit dem Pinsel

3 Malen mit Dekorfarben auf/in getrockneter Glasurschicht

4 Keramisches Stempelkissen

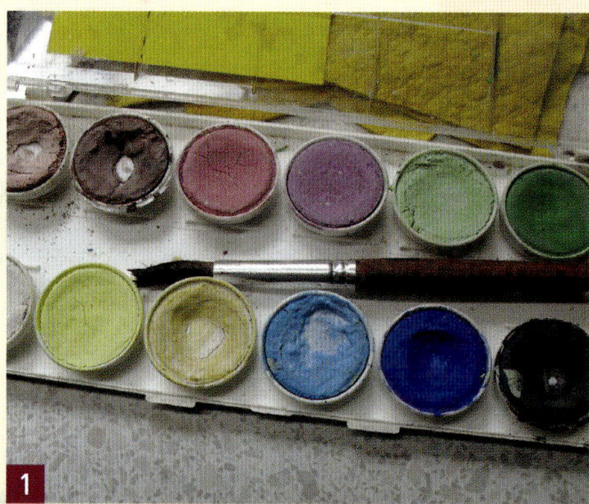

1

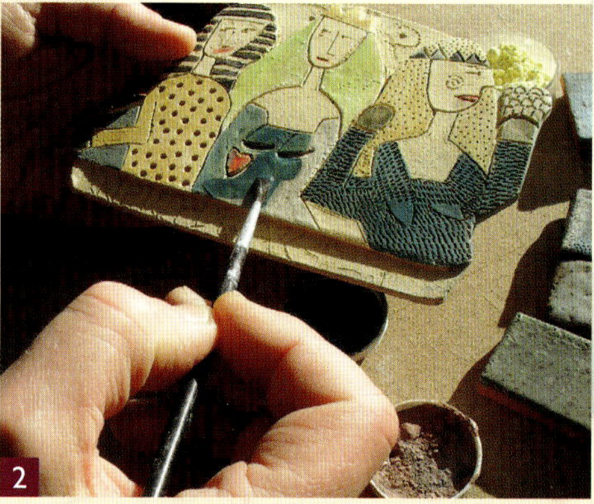

2

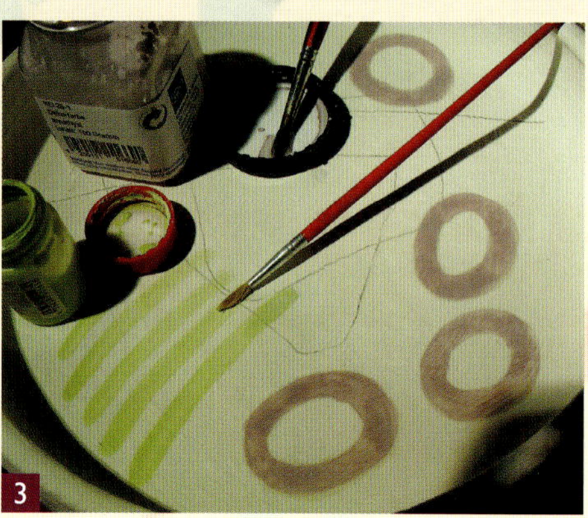

3

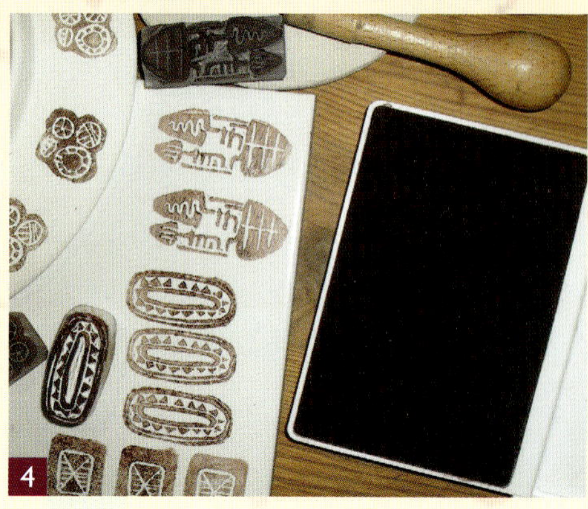

4

Verfremdungen

Interessante Optionen bieten Übermalungen. Im internationalen Design ist es absolut in, Standardmuster zu zerstückeln und neu zu kombinieren. Streublümchen werden knallig überkleckst, Goldbordüren von Sammeltassen landen skurril umarrangiert auf Porzellanfiguren. Auch ungeahnte Funde aus den Tiefen des Küchenschranks erwachen mit derartigem „Upcycling" zu neuem Leben. Siehe z.B. Porzellanteller Seite 11.

Bitte beachten

Bei allen Produkten die empfohlenen Brenntemperaturen und Einsatzbereiche einhalten: Ist die Substanz für rohen Ton, Schrühware oder zum Malen auf bereits gebrannten Glasurflächen konzipiert? Kann sie in einem Gang direkt überglasiert werden, ohne zu verschmieren, oder muss sie in einem Zwischenbrand fixiert werden? Manche Fabrikate eignen sich für Irdenware (1020-1060 °C) und Steinzeug (1220-1260 °C) gleichermaßen, andere laufen bei höheren Temperaturen ab oder verbrennen zu Schmutztönen.

Tipp

Malfläschchen, Stempelkissen und sonstige Hilfsmittel am besten vorab auf Papier/Tonscherben ausprobieren.

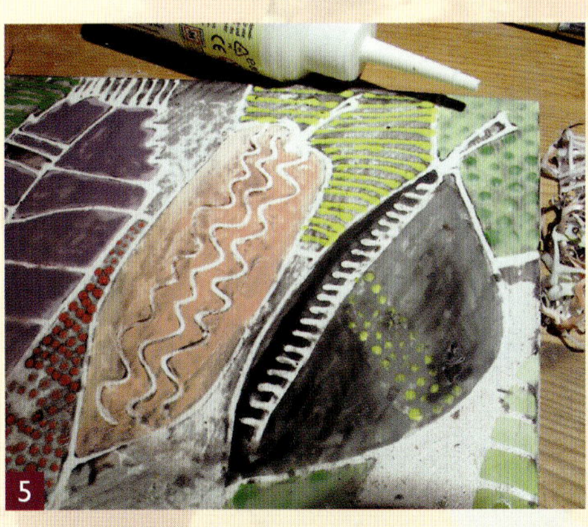

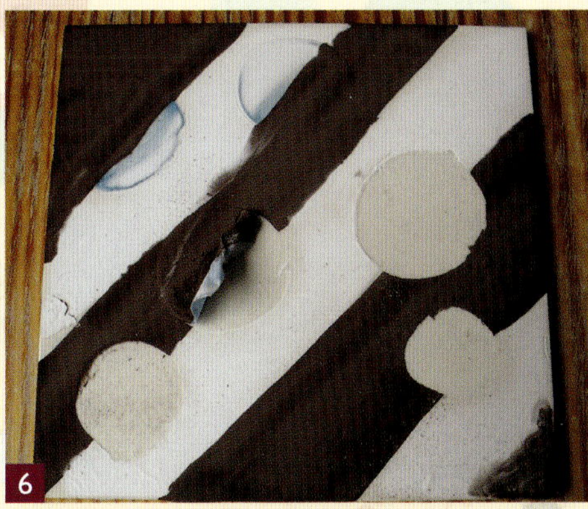

5 *Ausspartechnik mit Wachsemulsion oder Window Color*

6 *Aussparen mit Latex*

7 *Malfläschchen helfen Linien ziehen. Pulverförmige Dekorfarben werden mit ein paar Tropfen Malmedium vermischt und mit dem Pinsel aufgetragen.*

8 *„Gemälde" auf Keramik: Majolika, Farbkörper, Dekorfarben und Transparentglasur*

Muster individuell gestalten

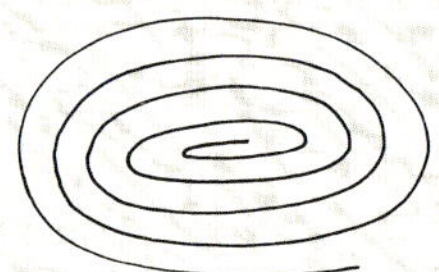

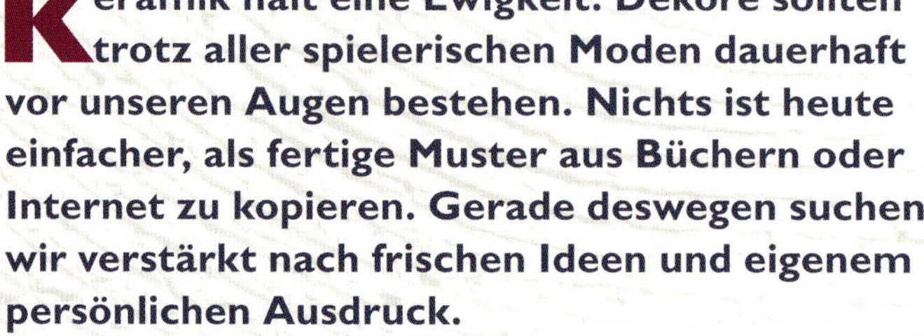

Keramik hält eine Ewigkeit. Dekore sollten trotz aller spielerischen Moden dauerhaft vor unseren Augen bestehen. Nichts ist heute einfacher, als fertige Muster aus Büchern oder Internet zu kopieren. Gerade deswegen suchen wir verstärkt nach frischen Ideen und eigenem persönlichen Ausdruck.

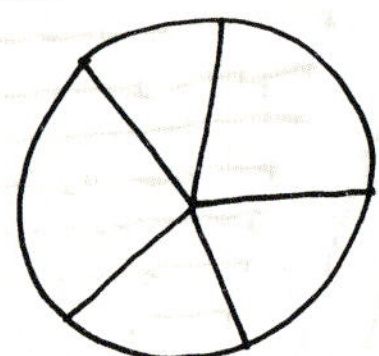

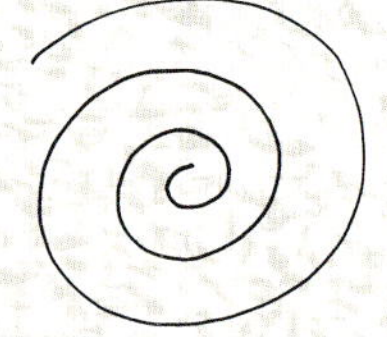

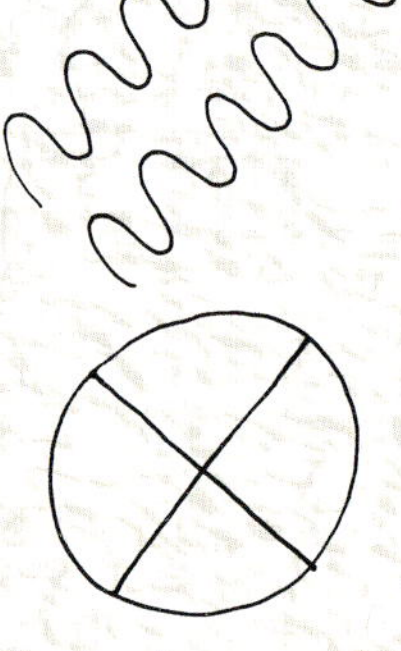

Umsetzung

Auf Anregungen stoßen wir an jeder Ecke. Diese raffinierte Musteridee begeistert heute, die andere morgen noch mehr. Doch was davon ist praktikabel? Was lässt sich mit welchen Substanzen und welchen Mitteln tatsächlich umsetzen? Oft führen mehrere ganz unterschiedliche Wege zum Ziel.

Im Gegensatz zu großzügig aufgemalten Klecksmustern mit vielen Zufallseffekten (siehe „Farbenspiele auf Keramik", Hanusch Verlag) erfordern exakte Ornamente mehr Planung und manchmal spezielle Entwürfe.

Inspiration sammeln

Seien Sie offen für alles. Fast nichts ist ganz neu. Designideen basieren auf Bekanntem und verfremden es. Halten Sie Ausschau in der alltäglichen Umgebung nach tollen Zeichen, Formen, Musterungen – vom Modeprospekt bis zur Telefonkritzelei. Die ansprechendsten Funde variieren Sie in ungewohnter Anordnung mit neuen Farbstellungen, und schon haben Sie Ihr persönliches System.

Oft sind die einfachsten Symbole die raffiniertesten. Kringel, Schnecken, Tupfen und Schlangenlinien wirken unglaublich dynamisch. Das interessante Pfeilornament fand sich in die Sandsteinwand eines Altstadthauses eingehauen.

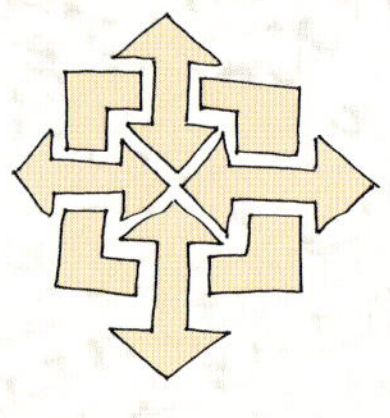

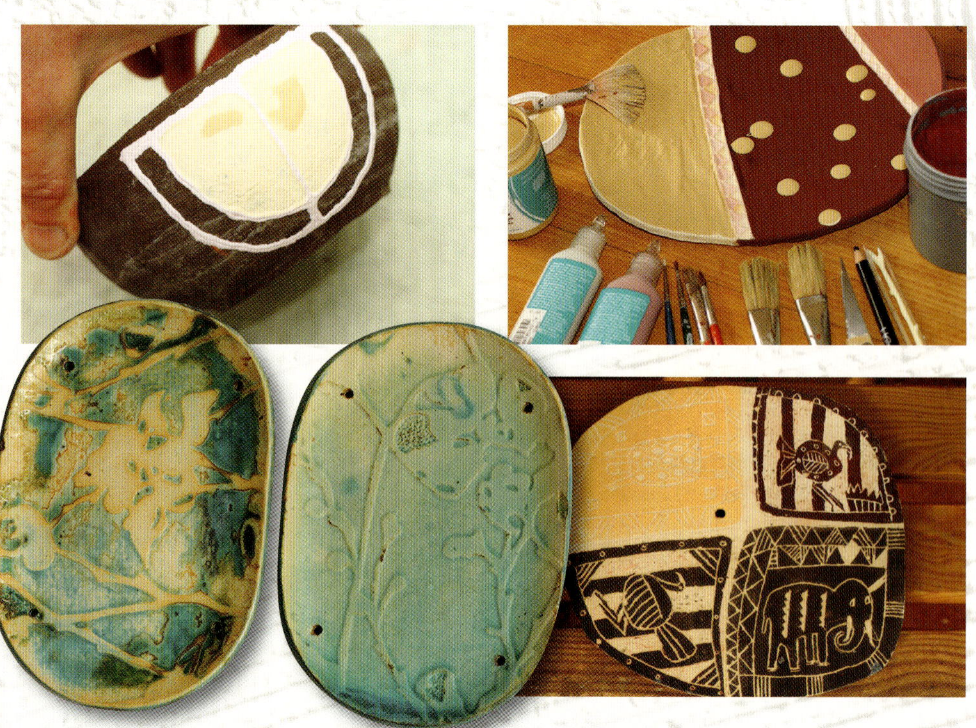

Themen, Ansätze, Anregungen

- Menschen und Tiere, statisch und bewegt: komplette Figur/Silhouette oder Ausschnitt (z.B. Gesicht, Tierfell, Augen); ungewohnte Erscheinungsformen aus dem Tierreich wie Insekten oder Tiefseefische
- Natürliche Strukturen: Mikroorganismen, Muscheln, Schneckenhäuser, Skelette, Federn, Planeten
- Pflanzen und Florales: Blüten, Blätter, Bäume, Schoten, Samen, Pollen
- Freie und angewandte Kunst: Design, Werbe- und Lichtdesign, Malerei, Architektur, Mode
- Frühe Kulturen: z.B. abstrakte Muster auf bronzezeitlicher Keramik; altägyptische Alltagsszenen in typischen Seitenansichten
- Epochen der Kunstgeschichte: Renaissancegärten, barocke Blumenfriese, Jugendstil, Art Deco, Tiffany, Bauhaus, Flower Power der 1970er Jahre mit knalligen Riesenornamenten, Graffiti
- Ethno: japanische Holzschnitte, indische Blumenmuster, Punktmalereien australischer Aborigines, verschlungene keltische Tier- und Buchstabensymbole, afrikanische Stoff- und Lehmmuster
- Schrift: Schreib- oder Druckschrift, grafisch oder malerisch; Schrift als Aussage oder Zierelement

Mustervorlagen übertragen

Vorlage anfertigen: Muster in gewünschter Größe freihändig auf Transparentpapier oder durchsichtiger Plastikfolie (Markerstift) skizzieren. Oder fotokopieren.
Vorlage auf rohen plastischen/lederharten Ton übertragen: Kopie auflegen, Konturen mit spitzem Stift nachfahren.
Auf rohem trockenen Glasurschlicker: ebenso. Die feinen durchgedrückten Rillen mit Bleistift nachziehen.
Auf geschrühten Teilen: Vorlage mit Kohlepapier kopieren. Dazu beide Papiere mit Klebstreifen fixieren. Oder Dekor direkt mit Bleistift aufmalen (brennt im Ofen aus).
Auf gebrannter Mattglasur: Kohlepapier.
Skizzen auf gebrannter glänzender Glasur mit dünnem Markerstift direkt andeuten.

„Genormte" Muster kreativ einsetzen: Durch gelungene Auswahl des Ausschnitts, zusätzlich mit Nadelstichen strukturierte Details und interessante Glasureffekte entsteht aus dem Abdruck einer gewöhnlichen Strukturtapete eine ganz neue Einheit. Siehe Schalen Seite 10 unten.

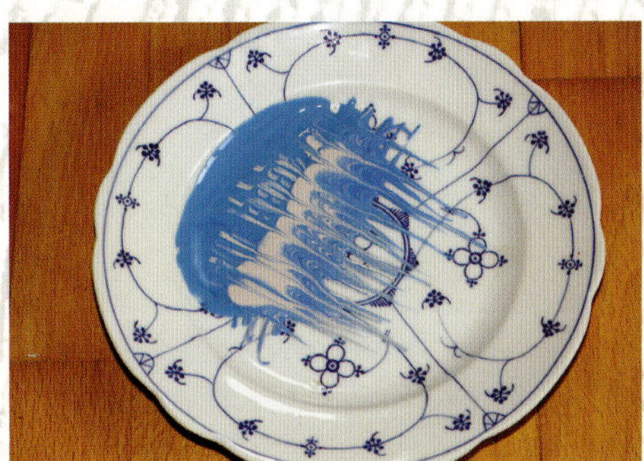

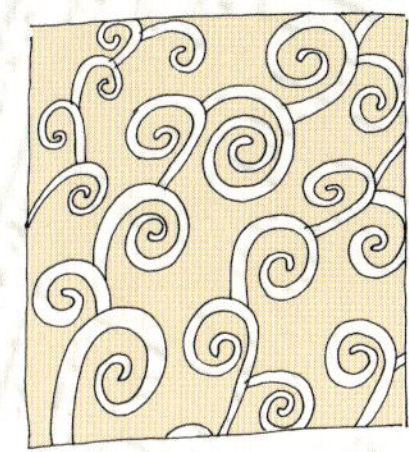

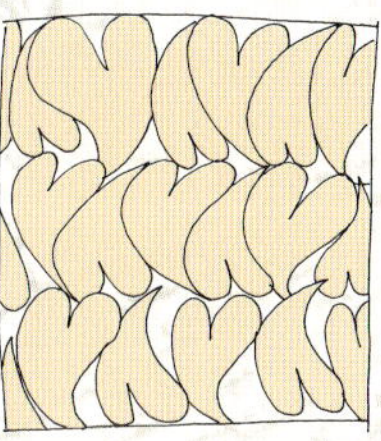

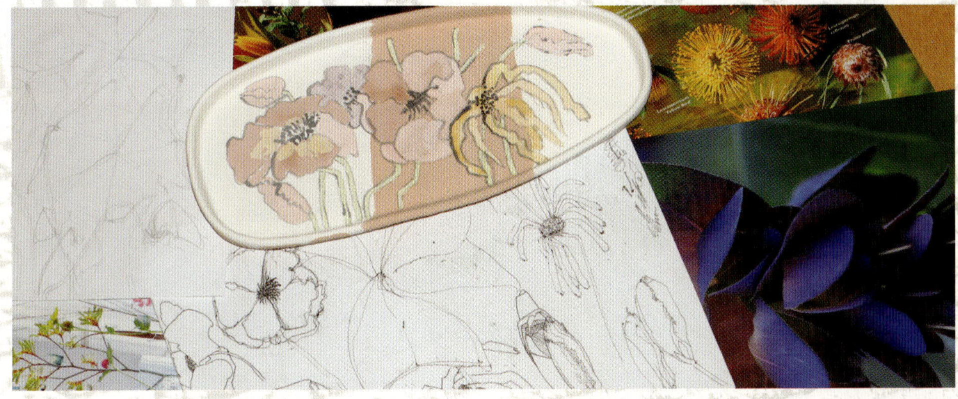

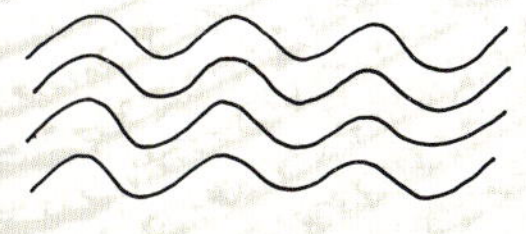

Spontane Entwürfe mit Bleistift frei auf die geschrühte Fläche oder den getrockneten Glasurschlicker zeichnen (weiße Schale). Detaillierte Vorlagen auf Pergamentpapier oder durchsichtige Folie durchpausen. Folie ist besonders praktisch, da man sie beim Übertragen zwischendurch immer wieder auf die Keramik auflegen und dadurch die Kopie genau abgleichen kann.

Ideen finden

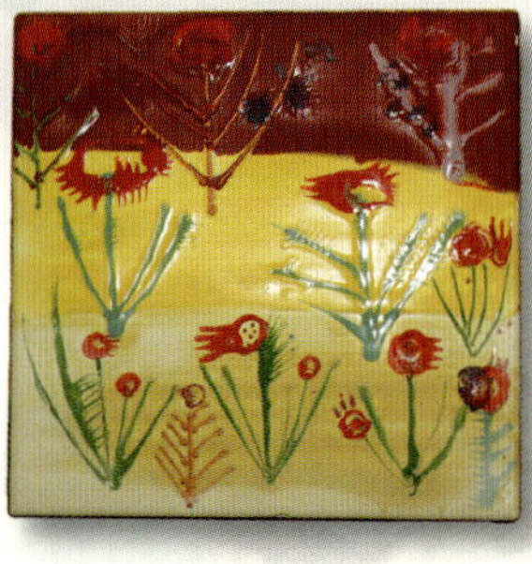

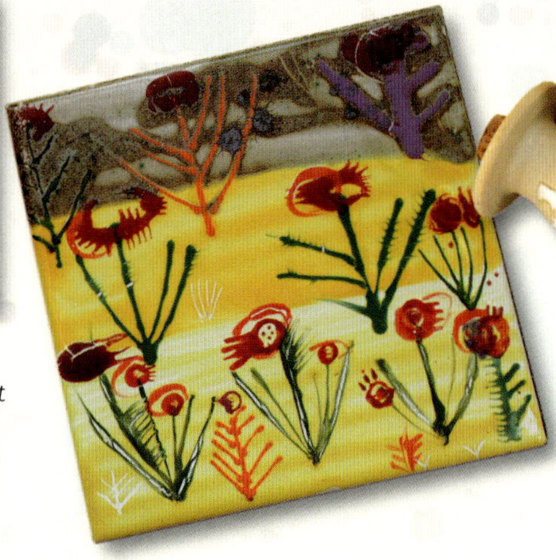

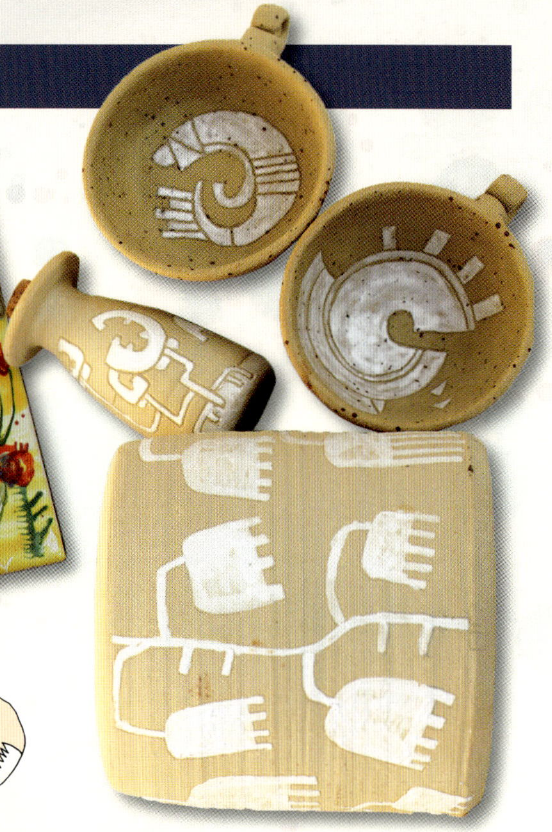

Gestalten mit Glasureffekten: Fliese roh (oben) und gebrannt (rechts). Die „Dornen" sind mit der Nadel in den flüssigen Glasurschlicker gezogen.

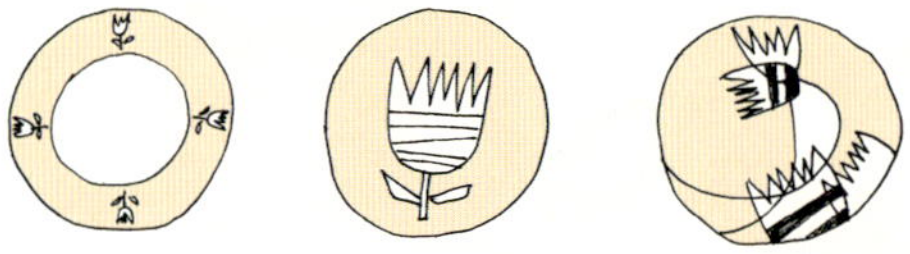

Muster entstehen aus Farben, Konturen, Texturen und Anordnung der Elemente zueinander. Zusätzlich wird das alles auf Form und Verwendung des Werkstückes abgestimmt. Soll das Ergebnis rein dekorativ oder eher künstlerisch, harmonisch ausgewogen oder spannungsreich und überraschend wirken?

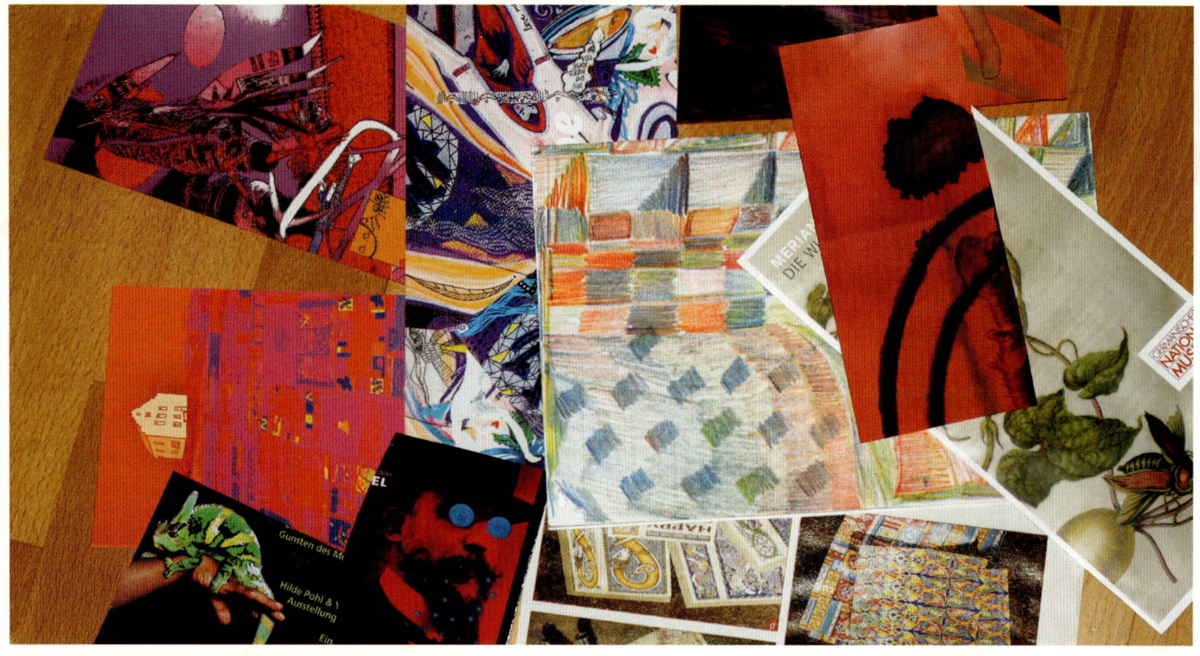

Wählen Sie zu Ihrem Motiv zwei oder drei Aspekte aus den folgenden Listen aus und verbinden Sie sie zu etwas Neuem. Z.B. „Blumenranken" mit geometrischen Grundformen stilisieren und farblich verfremden (Weiß auf Weiß), siehe Foto. Oder „Wild schlagendes Herz" auf der Frühstückstasse: einfache Herzschablone mit Tigerfellmuster füllen.

Farbgestaltung

- Ton in Ton: zwei bis drei ähnliche Farbtöne; eine Lieblingsfarbe mit Schwarz und Weiß zu mehreren Schattierungen abtönen
- Elegantes Weiß auf weißem oder pastellfarbenem Untergrund
- Knallige Kontraste: Schwarz gegen Weiß, Hell gegen Dunkel, zwei Komplementärfarben
- Eingeschränktes Spektrum: drei bis fünf Farben lebhaft kombiniert, z.B. Schwarz – Weiß – Lila – Orange – Hellgrün; Dunkelblau – Violett – Türkis
- Regenbogen: gesamter Farbkreis als krasses Feuerwerk, z.B. mit intensiv leuchtenden Farbkörpern
- Stumpfe und leuchtende Töne gegeneinander: z.B. rote mit grauen Flächen dämpfen; glänzende und matte Glasuren
- Verfremdungen: blaue Blätter, grüner Hund …

Ornamentik

- Punkt, Linie, Fläche: Varianten geometrischer Grundelemente; parallele oder überkreuzte Linien, Karomuster, Tupfen, konzentrische Farbkreise, Dreiecke, Spiralen …
- Organische, geschwungene abgerundete Konturen; oder rechte Winkel
- Statt kompletter Ornamente nur Segmente, interessant verzerrte Perspektive, unerwarteter Ausschnitt: Teil eines Sterns, halbes Gesicht …
- Positiv oder negativ: Ornament selber oder Hintergrund farblich betonen
- Dimensionen: Groß, klein; dicke oder dünne Linien. Zart am Tellerrand weckt die Tulpe (Skizzen Seite 12) völlig andere Assoziationen als dominant und kräftig in der Mitte platziert.

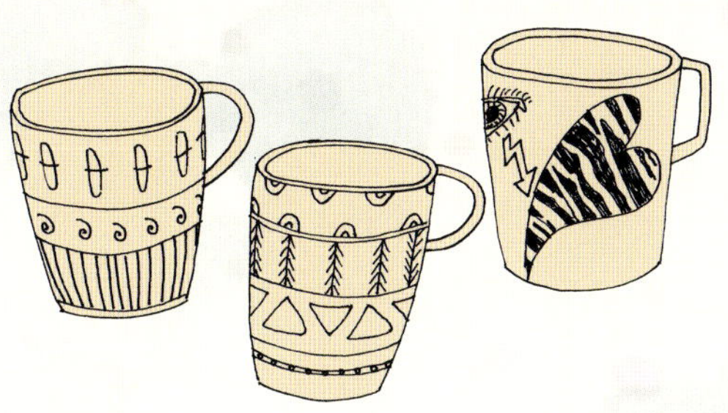

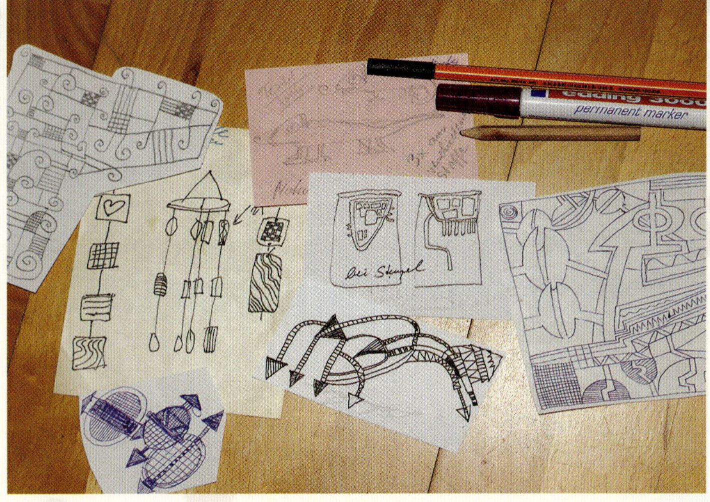

Flächenaufteilung

- Farbfelder überlappend oder abgegrenzt; mit/ohne Begrenzungslinien
- Anordnung: Ornamente gleichmäßig oder willkürlich verteilt, dicht an dicht oder mit Freiflächen
- Komplette Fläche oder nur Teile gestalten: Hälfte des Tellers; Bordüre nur am oberen/unteren Tassenrand; Schale nur innen/nur außen bemalt
- Rahmen: Muster innerhalb der Objektgrenzen einpassen oder optisch darüber hinaus laufen lassen
- Blickpunkte, Blickrichtung: waagrechte oder senkrechte Betonung; z.B. bei Schalen Mitte oder Rand hervorheben
- Bauchige Objekte: Dekor möglichst an gewölbte Flächen anpassen

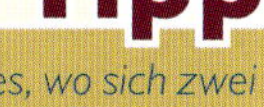

Spannend wird es, wo sich zwei ganz unterschiedliche Ansätze zu Zufallsspielen überlagern: Z.B. einen bunt gemusterten Hintergrund zusätzlich bedrucken oder mit Kleistertechnik übermalen. Schablonenmuster durch Sprenkeln und Klecksen kaschieren.

Ausführung und Stil

- Fotografisch naturgetreu oder stilisiert
- Grundstimmung: spontan improvisiert oder exakt durchgestylt
- Verfremdete Darstellung: Comic, Strichmännchen, Kinderzeichnung, Schattenfiguren, „naiv"
- Skurril: Teller mit „Food" bemalen, Trompe-l'œuil
- Auftragstechniken: Pinsel, Aquarell, verschwommen, scharfe Konturen
- Anleihen aus anderen Werkbereichen: Stempel, Scherenschnitt, Schablone, Kleisterpapier, Webmuster, Kreuzstich, Spitzendeckchen, Mosaik

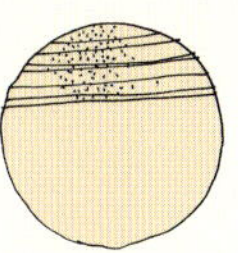

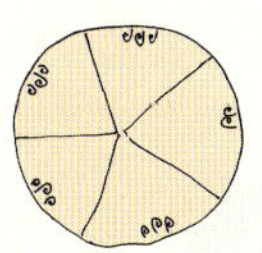

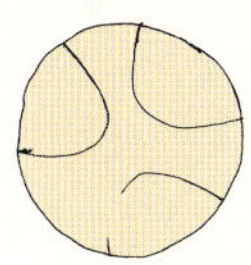

Projekte

Im Zusammenspiel von Motiv, Farbwahl, Dimensionen, Anordnung und nicht zuletzt handwerklich gekonnter Umsetzung entsteht das Dekor. Machen Sie sich locker ans Werk.

Material und Werkzeuge

Die jeweils benötigten Werkstoffe und Hilfsmittel sind im Text *kursiv* hervorgehoben. Bitte vorab immer die ganze Anleitung lesen und alles Genannte bereitlegen.

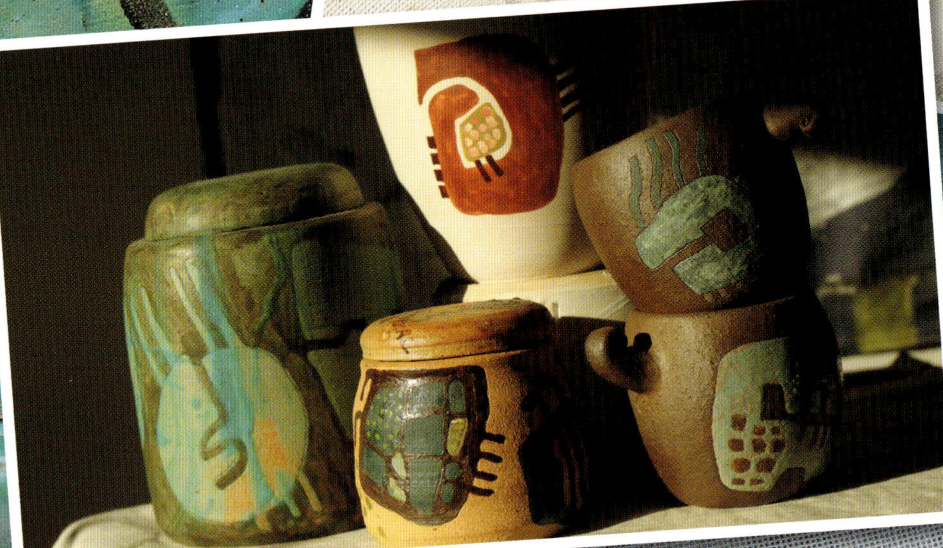

Links oben im Bild:
Prospekte und bunte Werbebroschüren liefern Anregungen noch und noch.

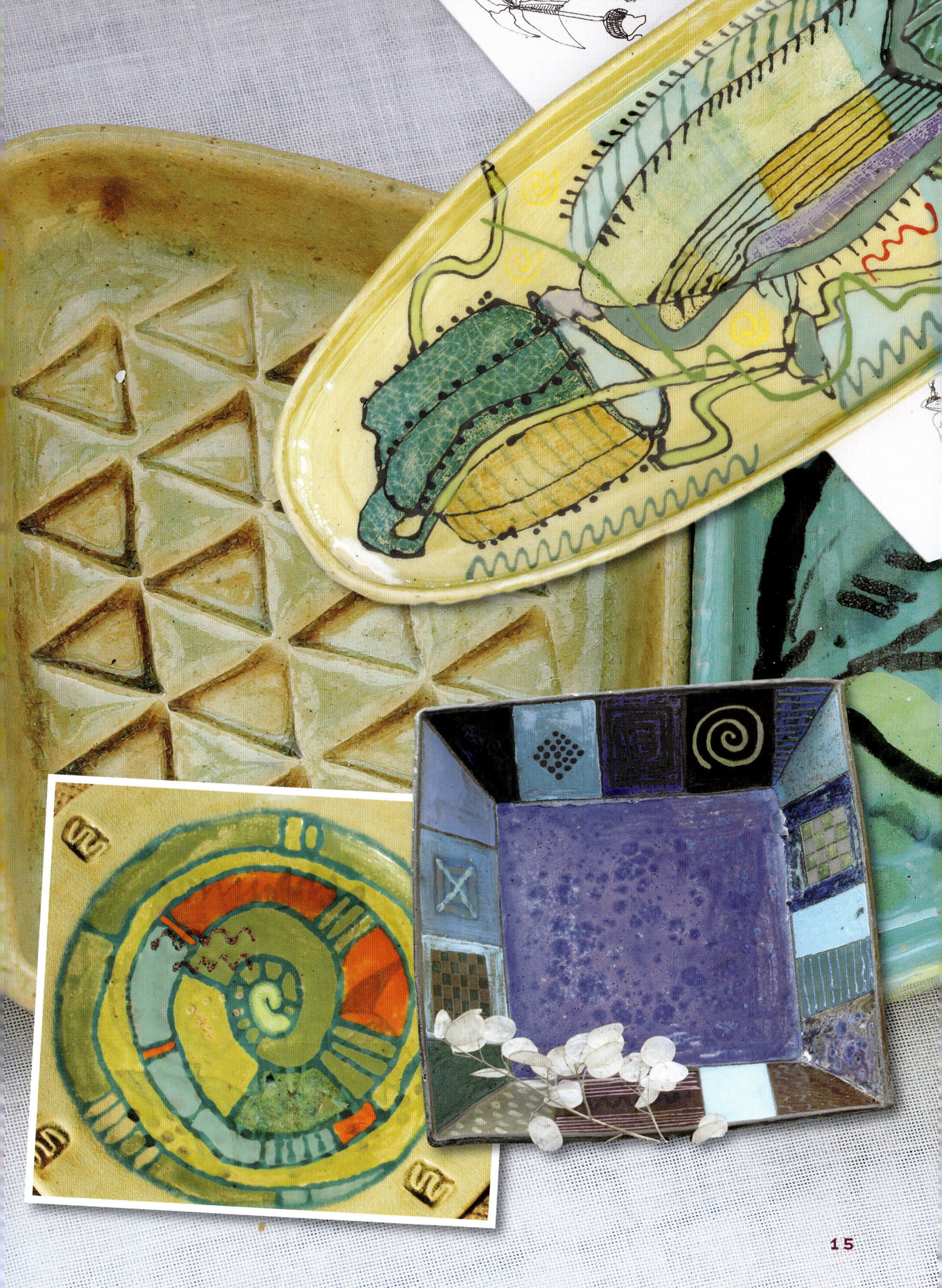

PROJEKT

Quadratische Schalen: Farbfelder und Flächenaufteilung

Allein durch geschicktes Spiel mit Farbfeldern ergeben sich spannungsreiche Muster. Abstrakte Details und Aussparungen lockern die einzelnen Flächen auf. Schneiden Sie aus Buntpapier quadratische Schnipsel und arrangieren Sie sie probehalber.
Mit Engobe, Glasur und Dekorfarben sind ähnliche Farbstellungen kein Problem. Farbfelder eignen sich auch gut für Kacheln, flache rechteckige Servierplatten und Pflanzkästen.

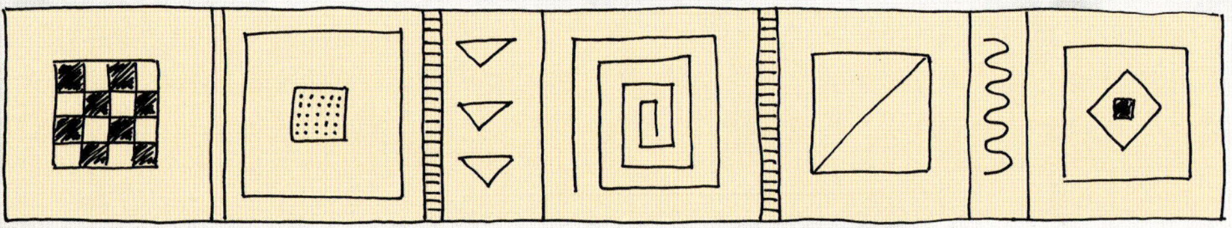

Ausspartechniken

- Für einfache Aussparmuster wird flüssige Wachsemulsion (Aussparwachs) auf die geschrühte/glasierte Fläche gepinselt und nach dem Trocknen mit Engobe- oder Glasurschlicker überzogen. Pinsel sofort auswaschen, sonst verklumpt er. Der Farbschlicker perlt am getrockneten Wachs ab, es brennt im Ofen aus, die Farbe des Untergrunds bleibt erhalten.
- Für haarfeine bunte Linien eine dünne Schicht Abdeckwachs aufstreichen. Nach dem Trocknen mit der Nadel Rillen einritzen. Dekorfarbe oder wässrig angerührte Farbkörper darüber streichen, so dass sie nur in den Rillen hängen bleiben. Nochmals brennen.
- Flüssige Wachsemulsion kann bei beiden Varianten vor dem Auftragen zusätzlich mit Farbkörpern oder einem Hauch Kupferoxid eingefärbt werden.

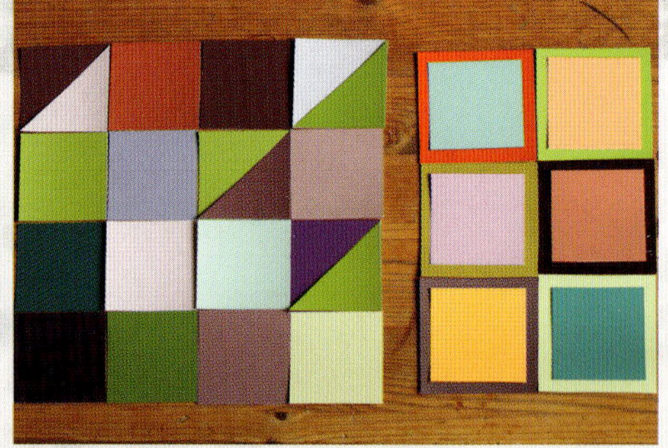

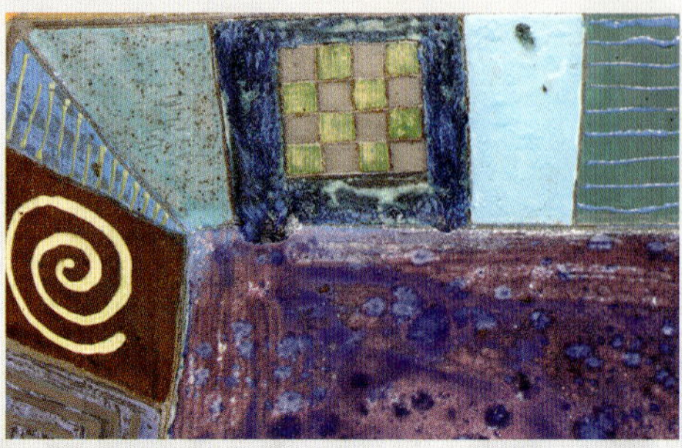

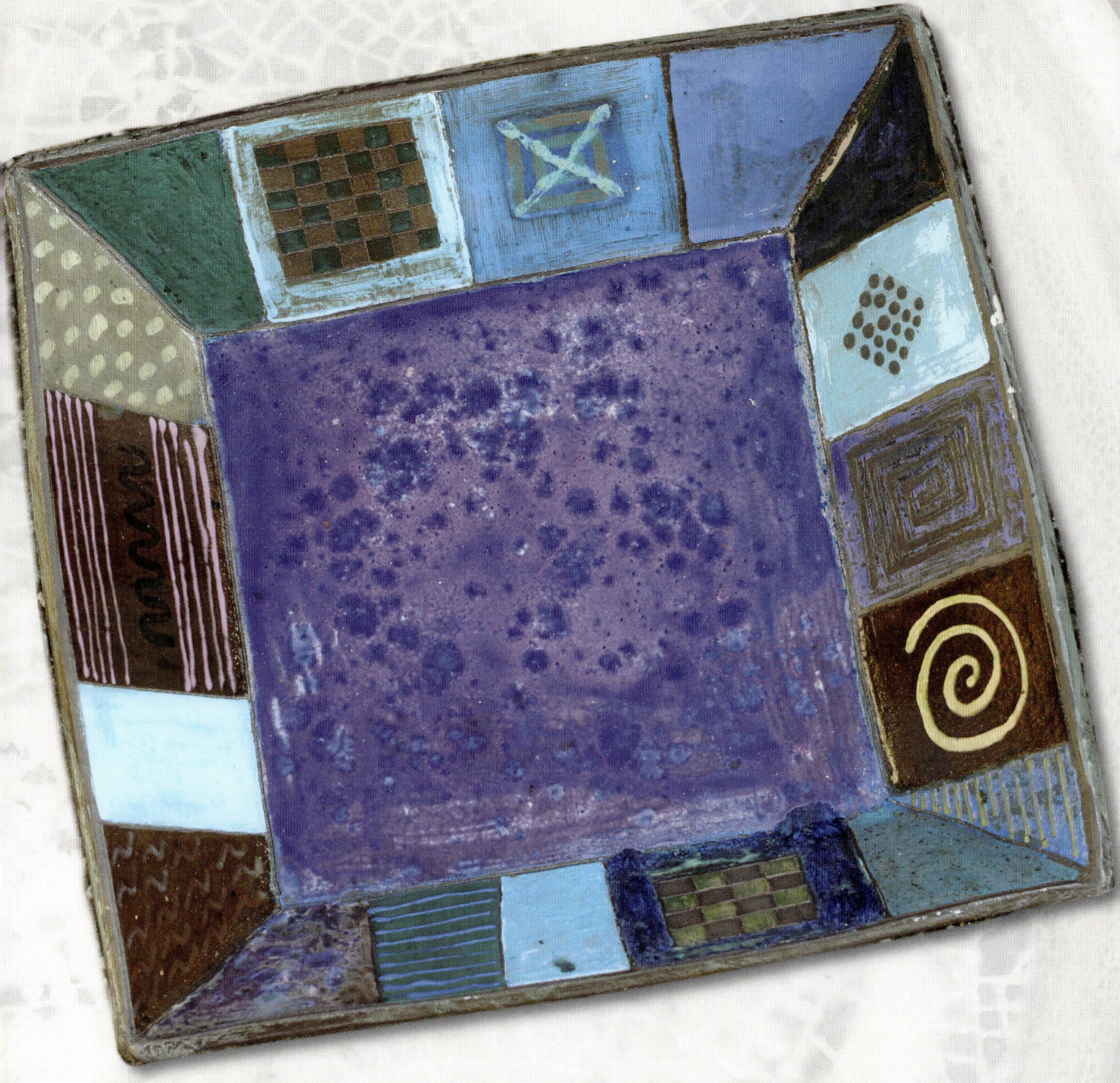

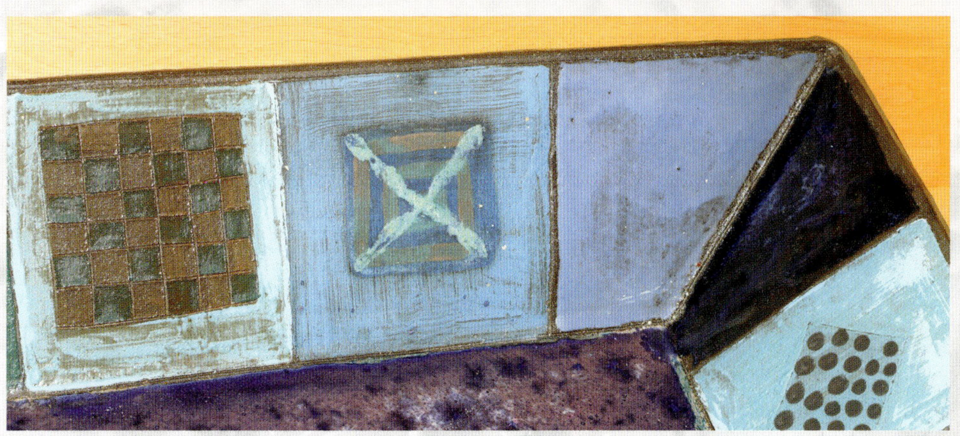

Harmonische Farbgestaltung mit Glasuren und Engoben: Musteranordnung mit der Töpfernadel schon auf der rohen lederharten Wandung andeuten.

So wird's gemacht – **Rechteckschale**

– 35 cm –

1x

4x

Nach dem Schnittmuster entstehen Schalen in beliebigen Größen. Die quadratische Bodenfläche sollte zwischen 15 cm und 35 cm Seitenlänge haben.

- Schamottierten ***Töpferton*** auf einem ***Holzbrett*** gleichmäßig etwa 7 mm dick ausrollen.
- Nach dem Schnitt vier Seitenteile und die Bodenplatte ausschneiden. Die kürzere Unterkante und Seitenkanten der Seitenteile auf Gehrung schneiden, wie auf dem Schnitt markiert.
- Teile lederhart anziehen lassen. Alle Verbindungskanten mit einer ***Gabel*** aufrauen. Seitenteile nacheinander mit etwas ***Tonschlicker*** an die Bodenplatte kleben. Durch die Gehrung sitzen sie in ihrer leicht gekippten Position fest an. Innenkanten mit weichen Tonwürstchen verstärken und verstreichen. Wände von außen mit geknüllten ***Plastiktüten/ Schaumgummi*** leicht abstützen.
- Zum Schluss alle Nähte von außen mit dem ***Schlagholz*** klopfen, bis sie fest und glatt verbunden sind. Von außen ein ***Brett*** gegen die Seitenwände pressen und von innen gegenhalten. So wird die Konstruktion ganz plan.
- Wände und Kanten rundum mit einem feuchten ***Schwamm*** glätten.
- Innenwände mit ***Töpfernadel*** und ***Lineal*** in Felder einteilen. Die Rillen entlang der Oberkante gelingen exakt, wenn Sie die Nadel fest zwischen Daumen und Zeigefinger halten und gleichzeitig die Zeigefingerkuppe fest an der Kante lang ziehen.
- Felder beliebig mit ***Engoben*** färben. Engobeschlicker mit einem kleinen ***Schwämmchen*** auftupfen. Damit die Ränder scharf und gerade werden, einen ***Papierstreifen*** anlegen.
- Zusätzliche Muster in die Felder ritzen. Oder mit ***Pinsel***, ***Malhorn*** oder ***Malfläschchen*** weitere Engobe aufbringen.
- Langsam trocknen lassen und schrühen.
- Jedes Feld unterschiedlich glasieren und nochmals brennen.

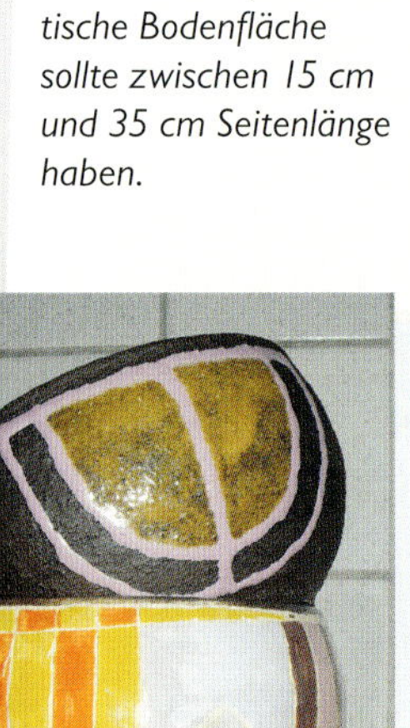

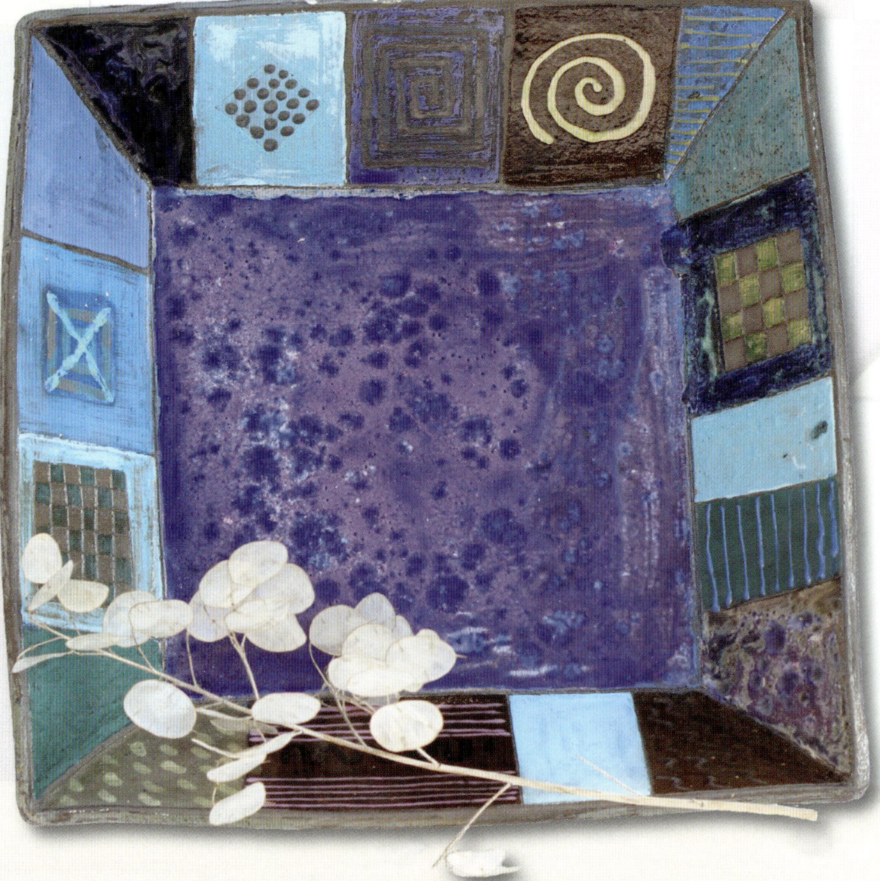

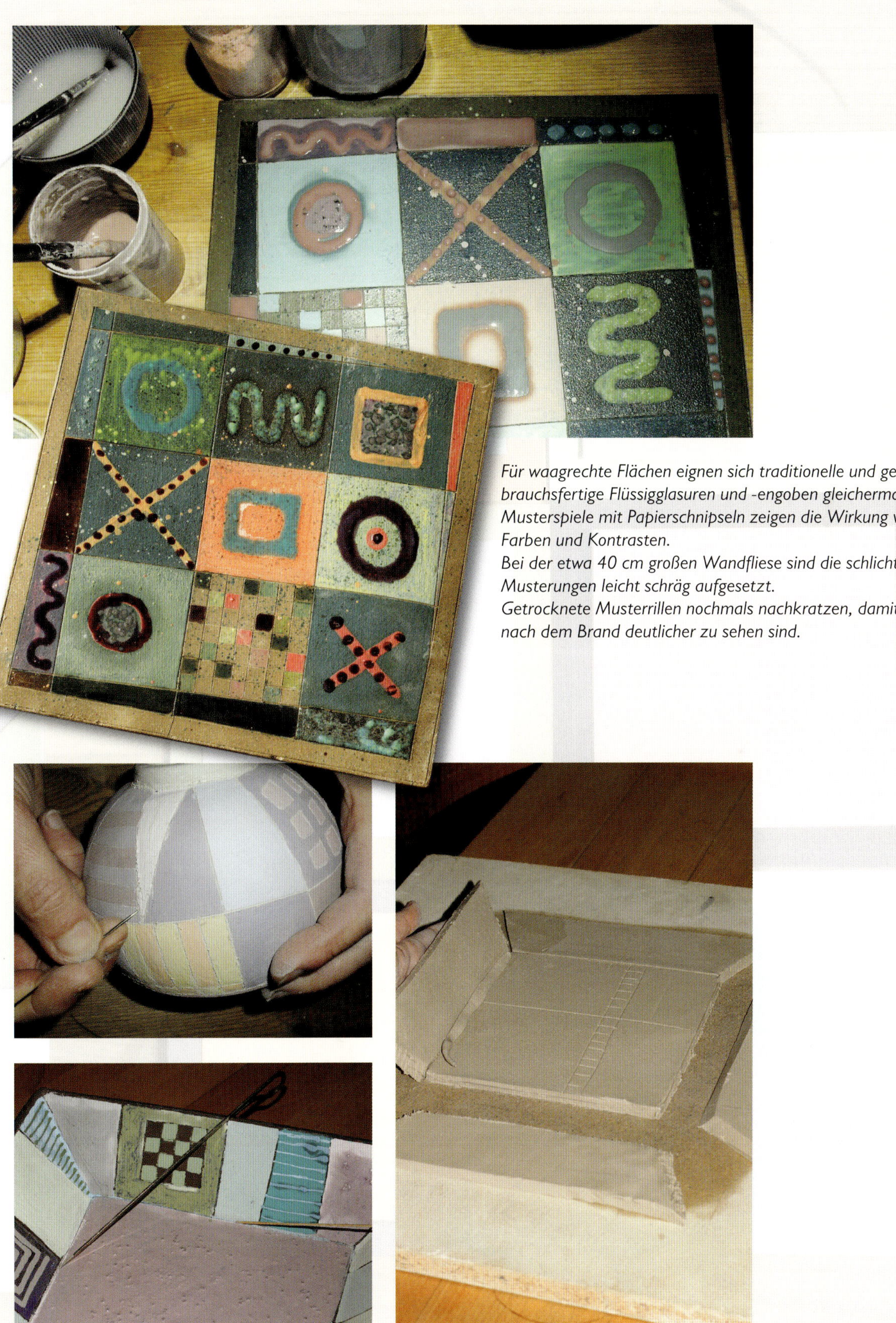

Für waagrechte Flächen eignen sich traditionelle und gebrauchsfertige Flüssigglasuren und -engoben gleichermaßen. Musterspiele mit Papierschnipseln zeigen die Wirkung von Farben und Kontrasten.
Bei der etwa 40 cm großen Wandfliese sind die schlichten Musterungen leicht schräg aufgesetzt.
Getrocknete Musterrillen nochmals nachkratzen, damit sie nach dem Brand deutlicher zu sehen sind.

PROJEKT 2

Porzellanbecher: Abstrakte Linienmuster

Starke Farbkontraste garantieren große Wirkung. Die einfachen Trinkbecher sind mit Strukturglasuren schnell bemalt. Linien halten roh perfekt und laufen auch im Brand nicht ab. Mehrfarbige Ornamente in ähnlichem Stil wirken völlig anders. Auf geschrühten und waagrechten Flächen könnten sie auch mit Pinsel und Dekorfarben aufgetragen werden. Die Linien fallen dann etwas ungleichmäßiger aus.

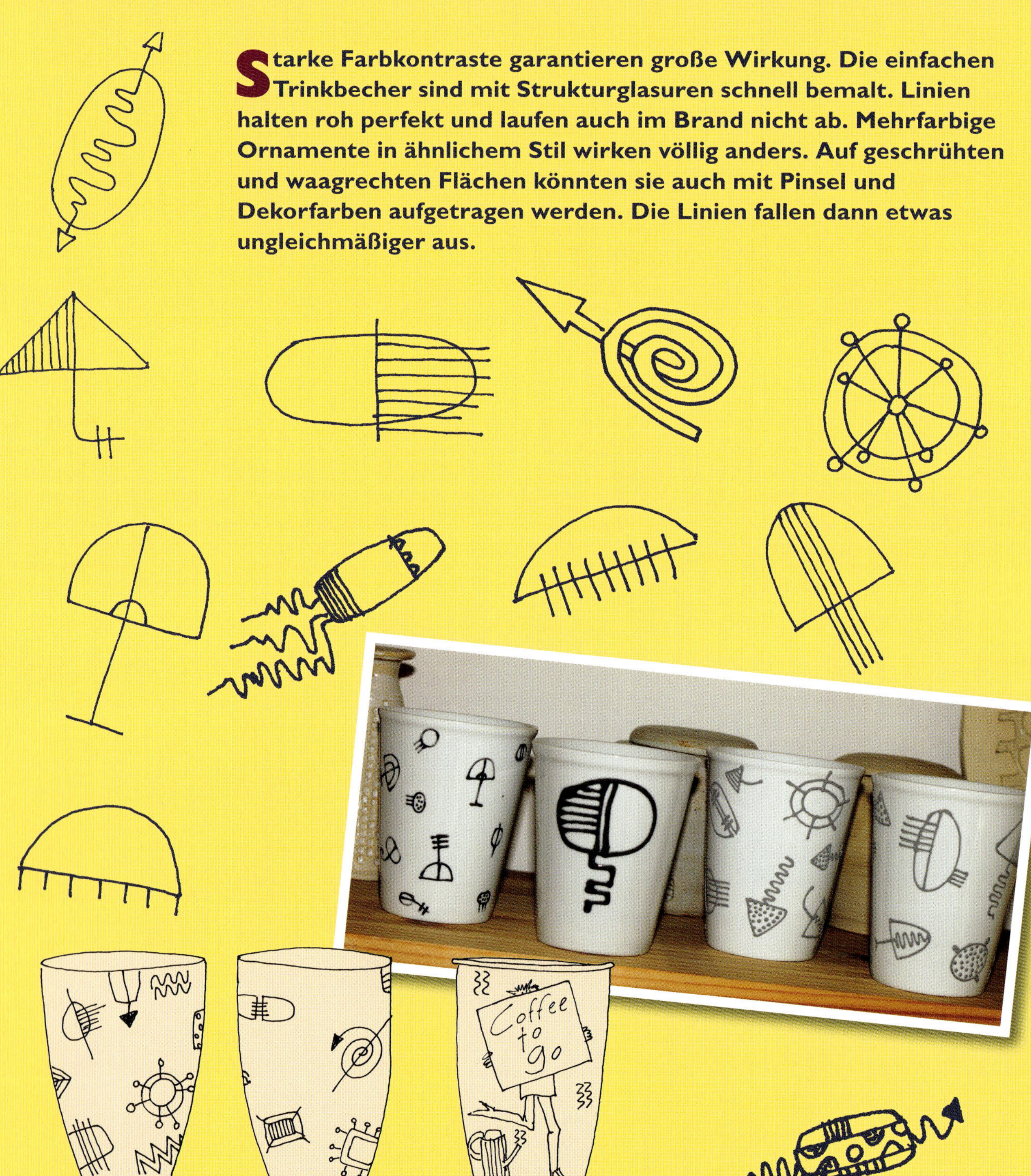

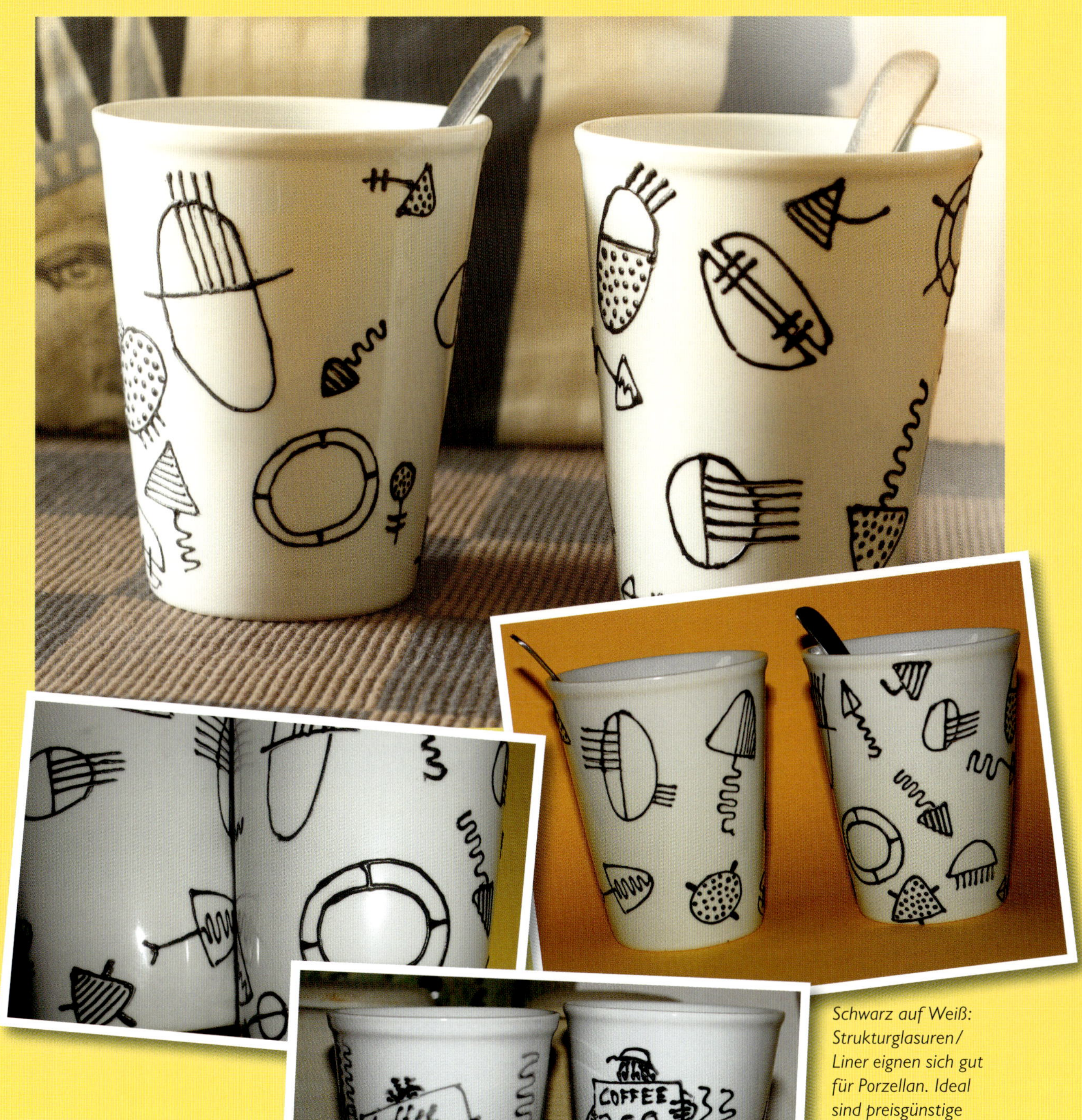

Schwarz auf Weiß: Strukturglasuren/ Liner eignen sich gut für Porzellan. Ideal sind preisgünstige Teile zweiter Wahl. Winzige Makel werden durch die Muster problemlos kaschiert. Schlicht und zeitlos wirken geometrische Grundformen. Wer es verspielter mag, malt ganze Szenen auf.

So wird's gemacht

- Einfache weiße ***Porzellanbecher*** gründlich spülen und Außenfläche nicht mehr berühren.
- Ornamente in gewünschter Größe auf ***Papier*** kopieren/skizzieren.
- Schwarze ***Strukturglasur*** im Malfläschchen gut schütteln und Fließeigenschaften auf Zeitungspapier ausprobieren.
- Becher mit der linken Hand zum Stabilisieren waagrecht liegend mit Boden oder Öffnung gegen die Tischkante stützen. Rechte Hand zum Malen etwas erhöht aufstützen. Becher drehend bemalen – zügig ein Ornament nach dem anderen. Darauf achten, dass fertige Muster nicht versehentlich verschmiert werden. Linien und Konturen nur in eine Richtung ziehen – am besten wie beim Schreiben immer von links nach rechts, von oben nach unten.
- Kleine Fehler mit ***Holzstäbchen*** korrigieren oder entfernen.
- Ornamente trocknen lassen. Porzellanbecher ohne zusätzliche Glasur bei etwa 1020-1060 °C brennen. Die ursprüngliche Porzellanglasur schmilzt dabei nicht weiter, verbindet sich aber fest mit der Bemalung.

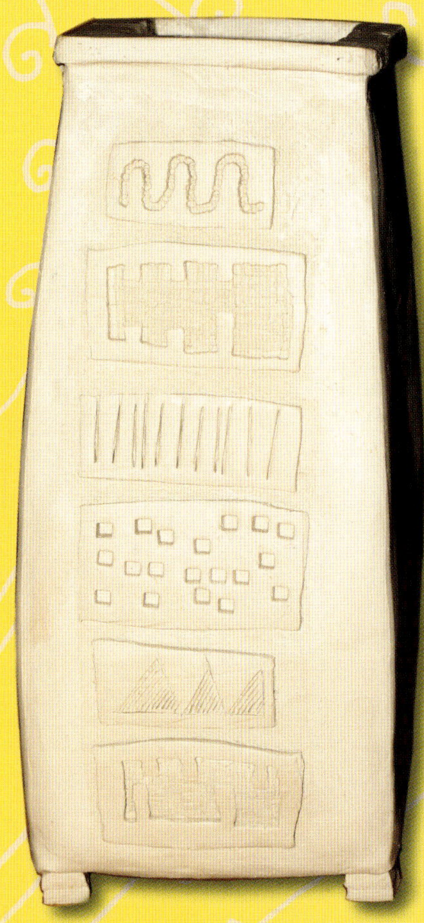

Variationen mit Geomustern: Die Vase trägt Applikationen aus hauchdünnen Tonplatten. Rechts auf den Tassen schlichte Strichmuster in abwechslungsreicher Anordnung.

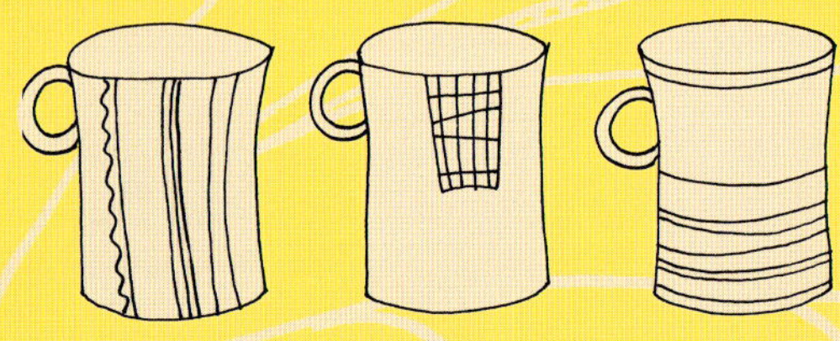

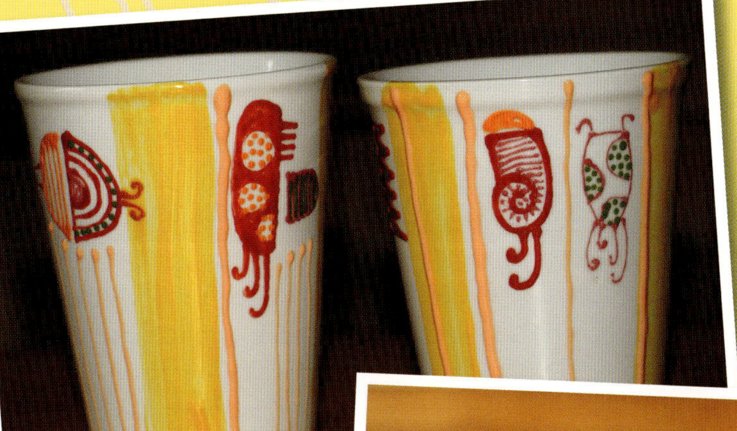

Tag und Nacht: Auf Porzellan leuchten Strukturglasuren richtig kräftig. Die dicken Linien ergeben einen leicht dreidimensionalen Effekt.

Zusätzlich mit dem Flachpinsel zwischen den Bemalungen aufgezogene Glasurstreifen sorgen für fröhliche Farbigkeit. Erst die Details ausführen, dann mit nicht ablaufenden Flüssigglasuren die Streifen ergänzen.

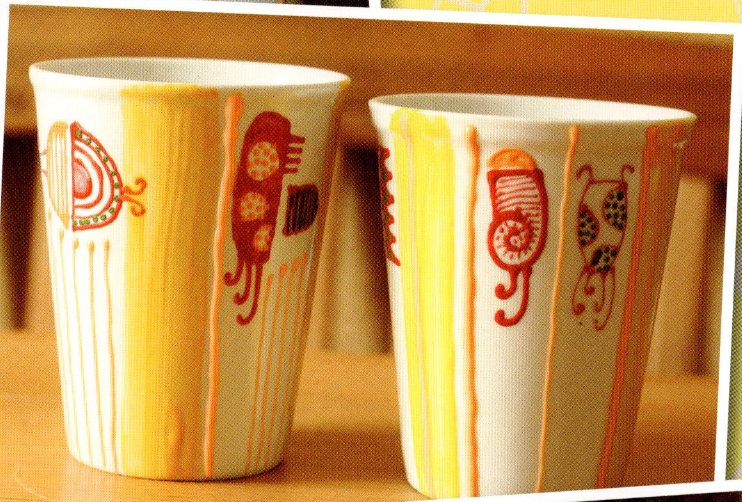

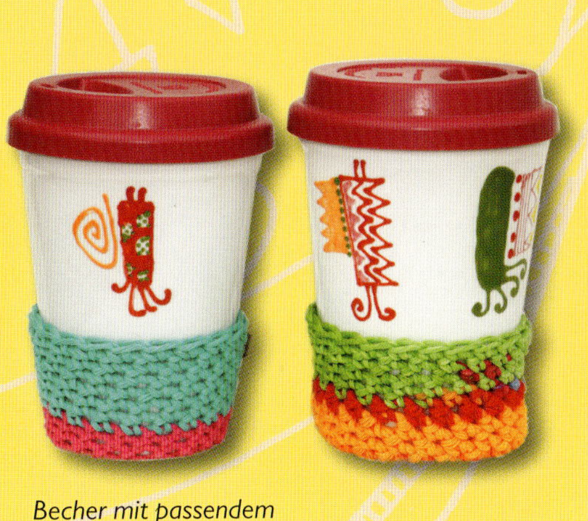

Becher mit passendem Deckel „to go" sind im Porzellansortiment und auch als geschrühte Rohlinge erhältlich (letztere bitte vor dem Bemalen komplett glasieren). Mit gehäkelten Manschetten aus buntem Baumwollgarn wird daraus ein witziges Geschenk für den Büroalltag …

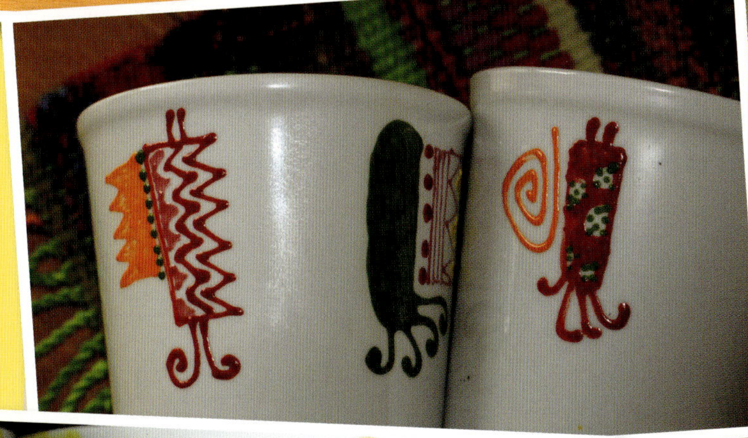

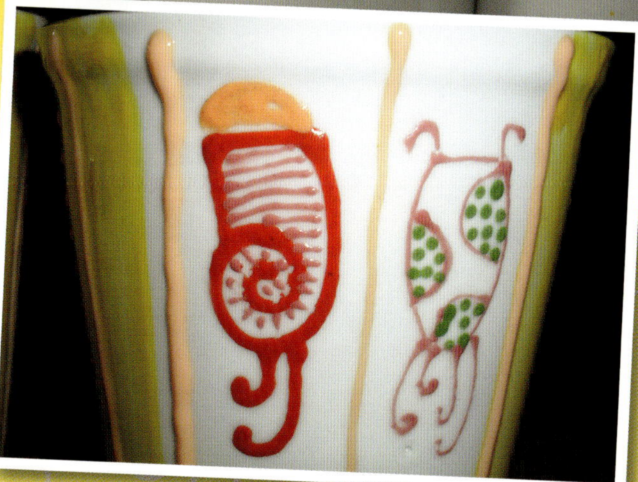

PROJEKT 3

Teller und Service: Frühlingsblumenwiese

Omas Streublümchen kommen mit stilisierten Blüten in frischen Frühlingsfarben wieder zu vollen Ehren. Flache Teller sind ein guter Einstieg, um Komposition und Glasuren zu erproben. Einfarbiges, niedrig gebranntes Steingutgeschirr aus Industrieproduktion lässt sich ausgezeichnet bemalen, kann allerdings im erneuten Brand etwas matter werden. Wer lieber selber töpfert: Einfache Teller sind nach der hier beschriebenen Methode schnell gemacht.

So wird's gemacht – Tulpenteller bemalen

- Glasierten ***Steingutteller*** gründlich spülen.
- Anordnung der Muster überlegen. Eines nach dem anderen mit ***Strukturglasur*** (Malfläschchen) in spontaner Anordnung flüssig aufmalen. Zuerst Konturen, dann Details. Ornamente nicht zu dicht setzen.
- Glasurlinien trocknen lassen. Blütenflächen und Blätter mit dem feinen ***Malpinsel*** mit ***Flüssigglasuren*** auffüllen. Ziemlich satt auftragen, damit sie auf dem getönten Hintergrund völlig decken.
- Trocknen lassen und brennen.

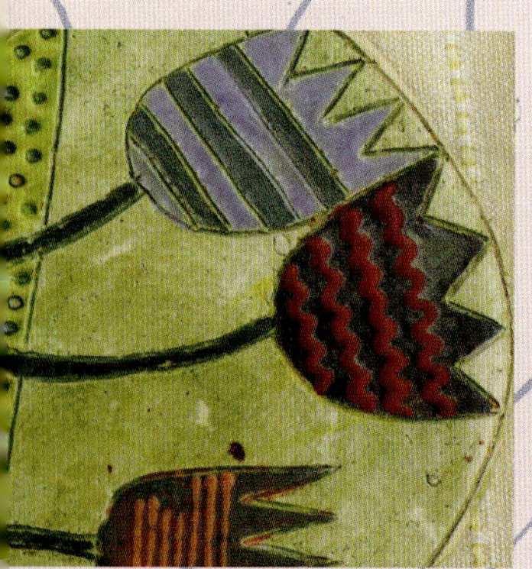

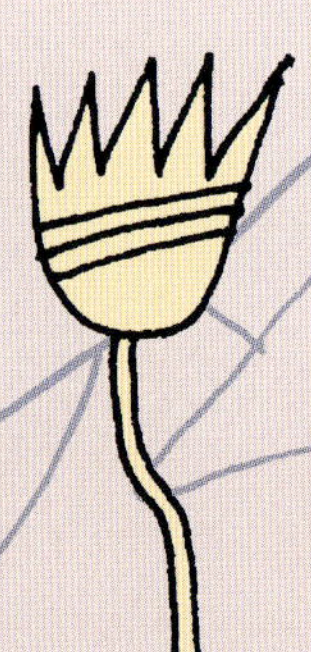

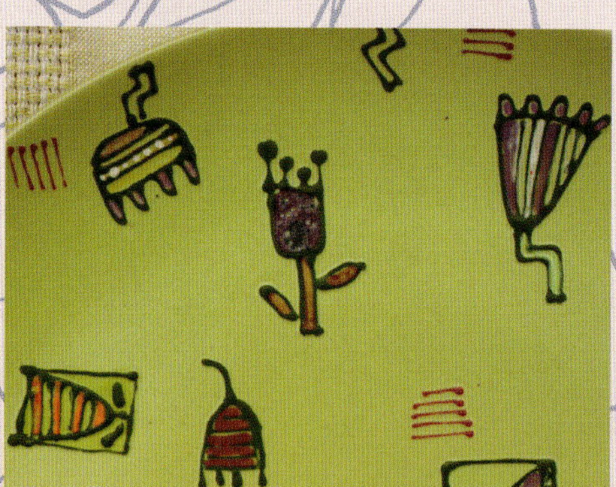

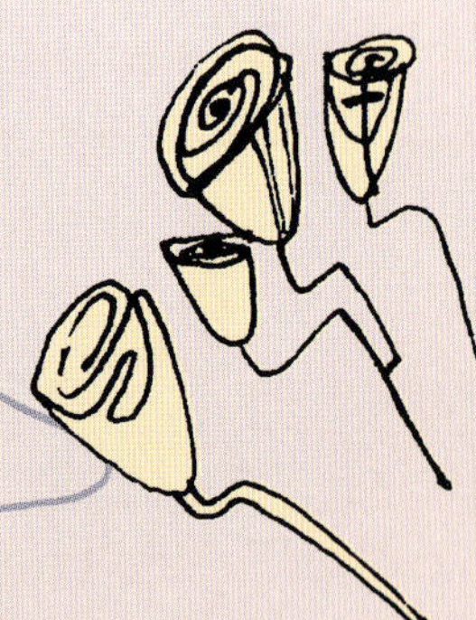

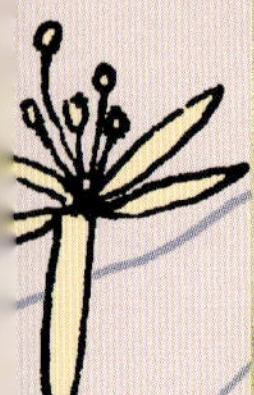

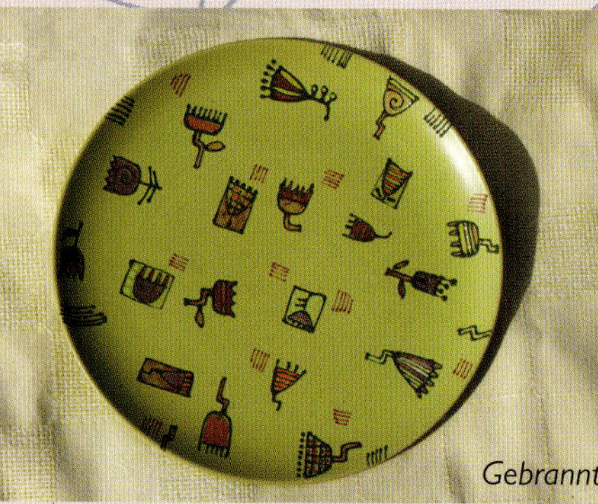

Gebrannt

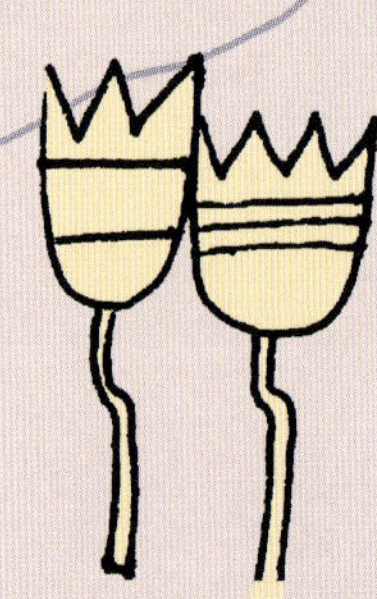

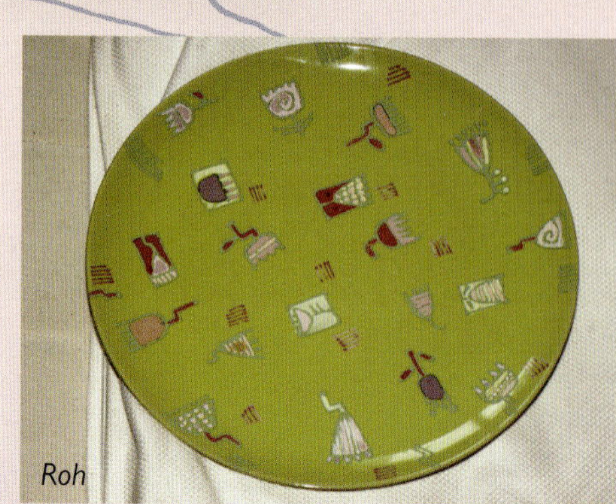

Roh

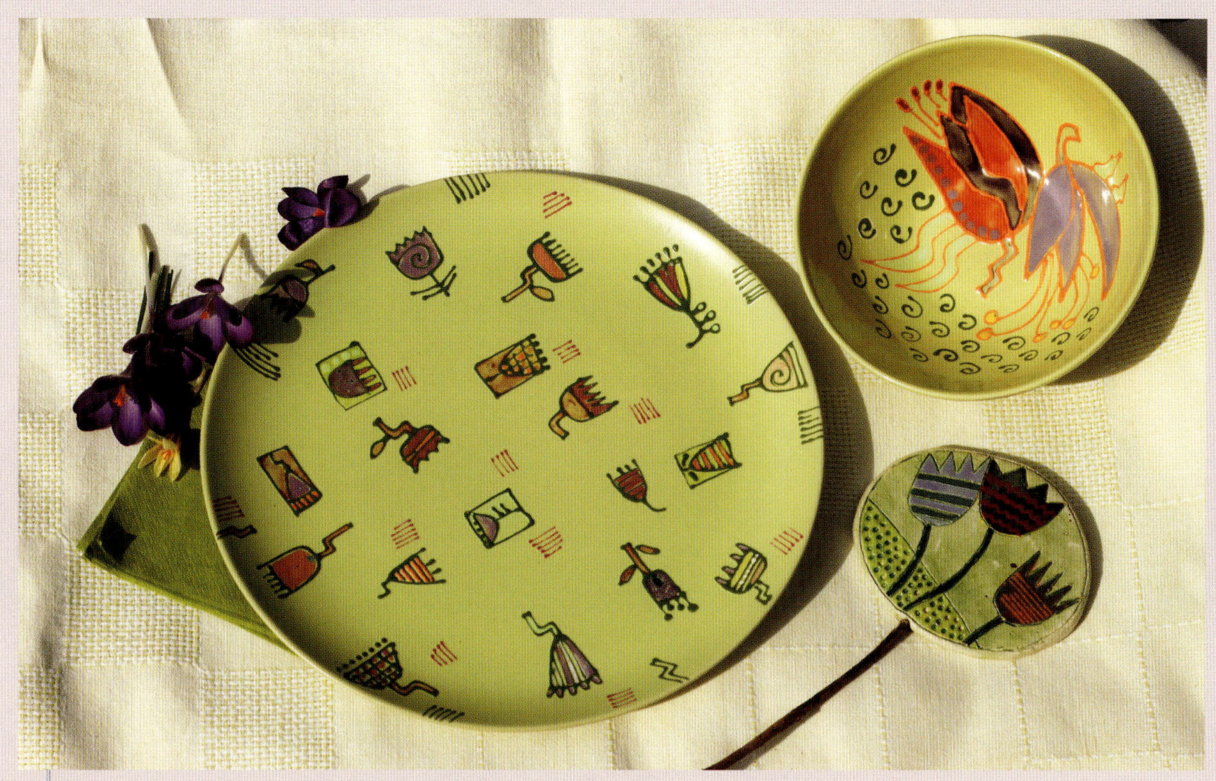

Bunte Tulpenfelder: Die Farbstellungen wirken kräftig, aber unaufdringlich. Schüsseln werden nur innen, nur außen oder innen und außen unterschiedlich gestaltet.

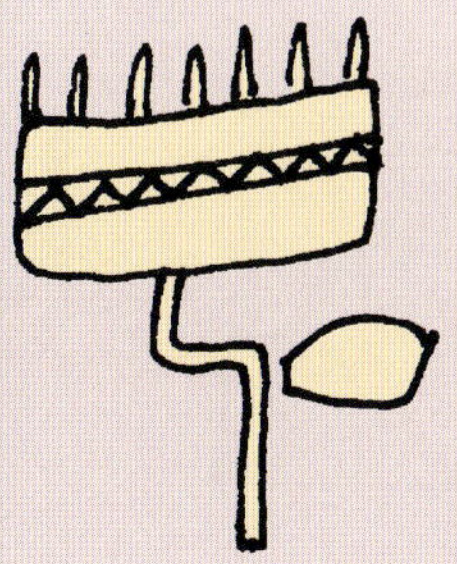

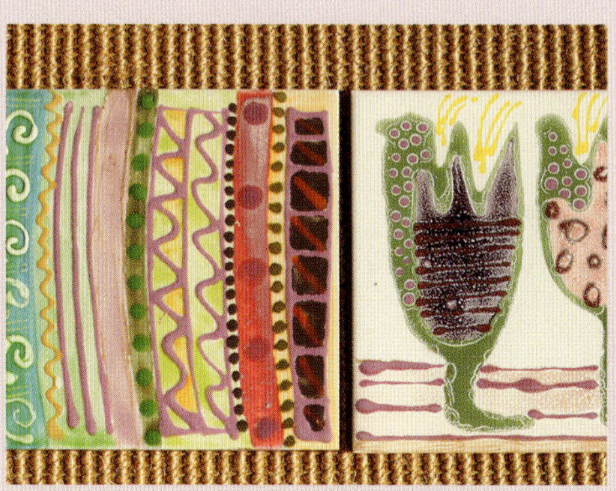

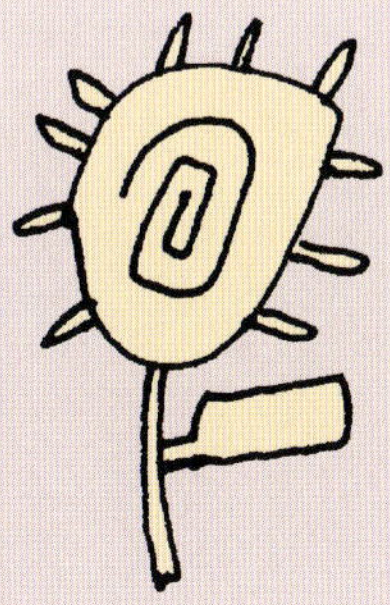

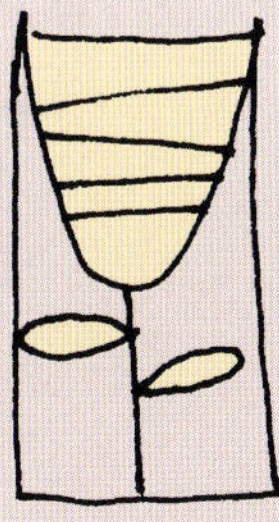

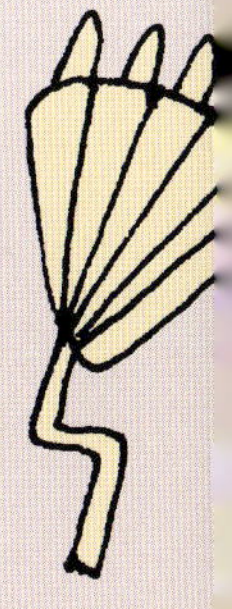

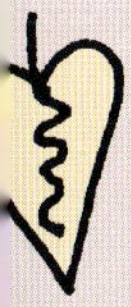

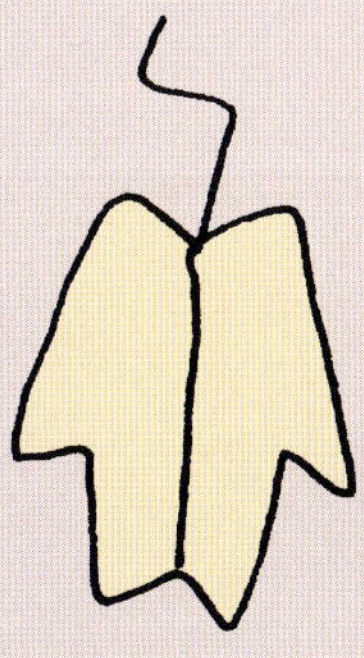

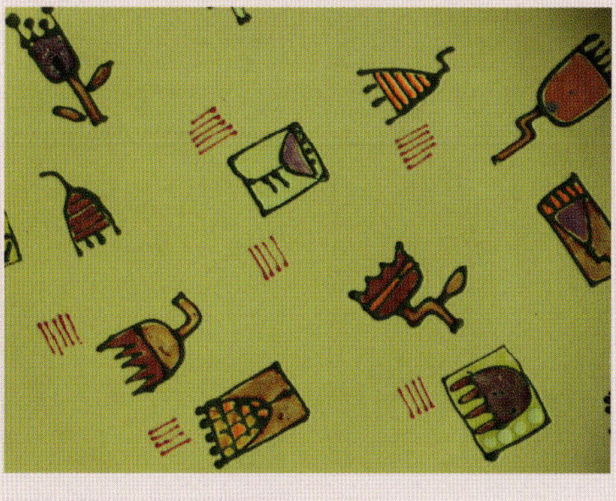

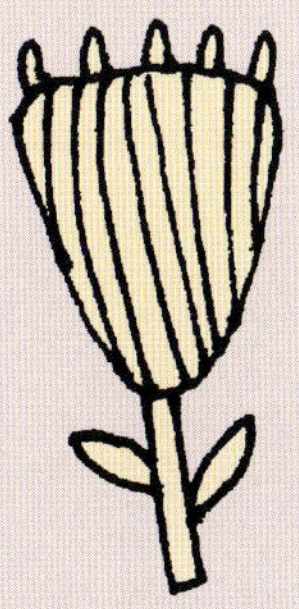

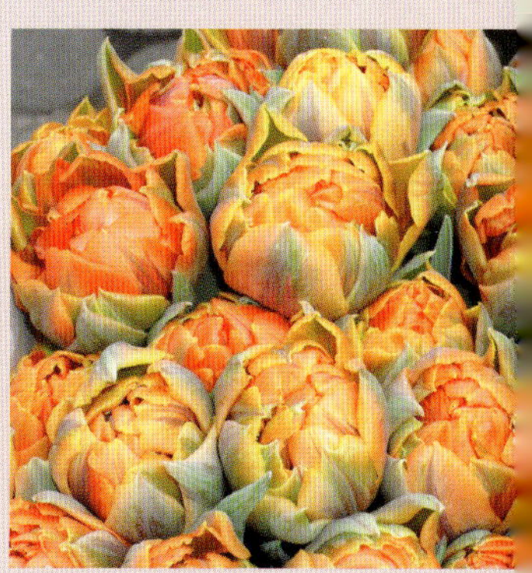

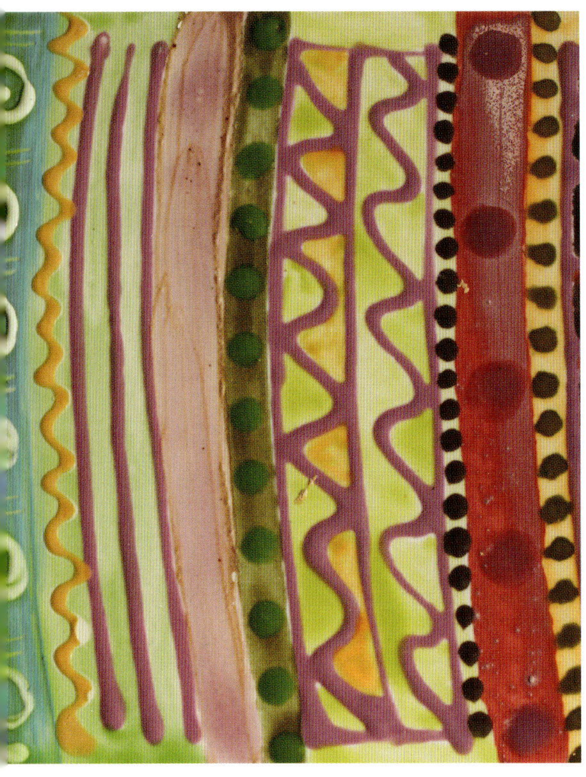

So wird's gemacht – Teller selber töpfern

- Flachen ***Essteller*** mit etwas ***Speiseöl*** einschmieren.
- Leicht schamottierten hellen ***Töpferton*** zu einer 4 mm dicken gleichmäßigen Platte ausrollen, etwas größer als der Essteller (20-35 cm).
- Platte vorsichtig auf den Essteller legen.
- Mit den Fingern anpressen und mit einem feuchten ***Schwamm*** glatt streichen, bis der Ton überall fest anliegt.
- Rand mit senkrecht gehaltenem ***Messer*** gerade abschneiden und Oberkante ebenfalls mit dem Schwamm abrunden.
- Rand nach Belieben mit ***Stempeln*** strukturieren.
- Tonteller langsam auf der Unterlage unter ***Plastikfolie*** trocknen lassen, bis er sich von selbst löst.
- Unterkante ebenfalls mit dem Schwamm glätten und Teller mit dem Boden nach oben liegend trocknen lassen. Dadurch verzieht er sich nicht so leicht.
- Blumenmuster mit ***Bleistift*** auf der lederharten Fläche skizzieren und mit ***Flüssigengoben*** aufmalen. Diese mit ***Malhorn***, ***Malfläschchen*** oder ***Pinsel*** auftragen.
- Trocknen lassen, brennen, farblos glasieren.

Bleistiftskizzen auf rohen, geschrühten und glasierten Oberflächen brennen im Ofen weg.

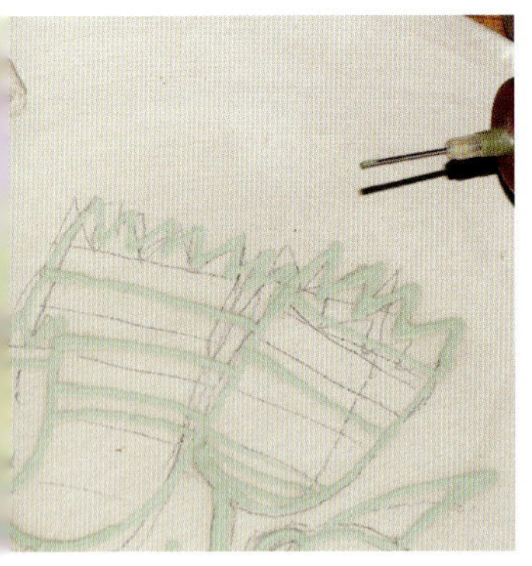

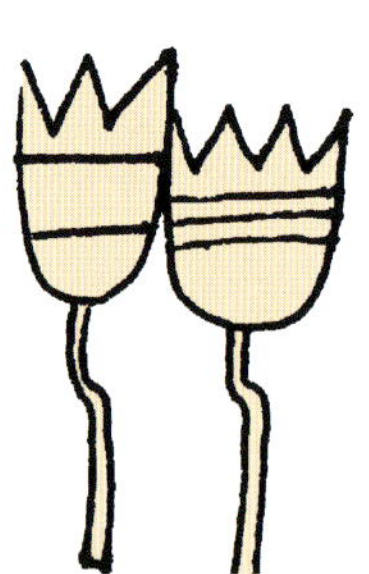

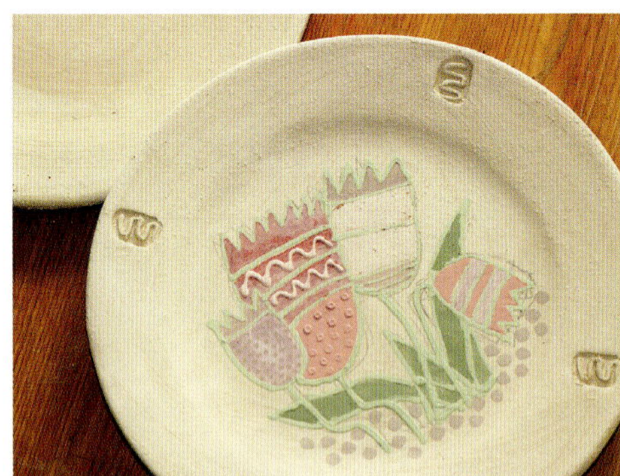

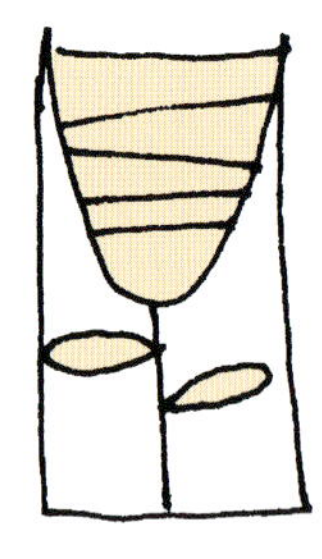

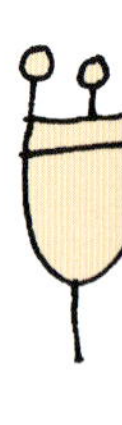

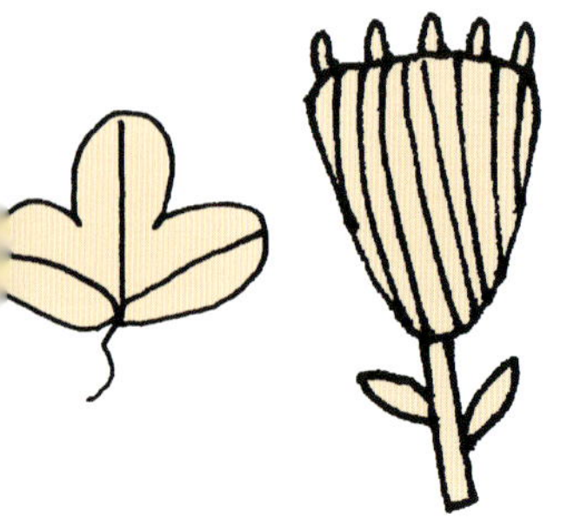

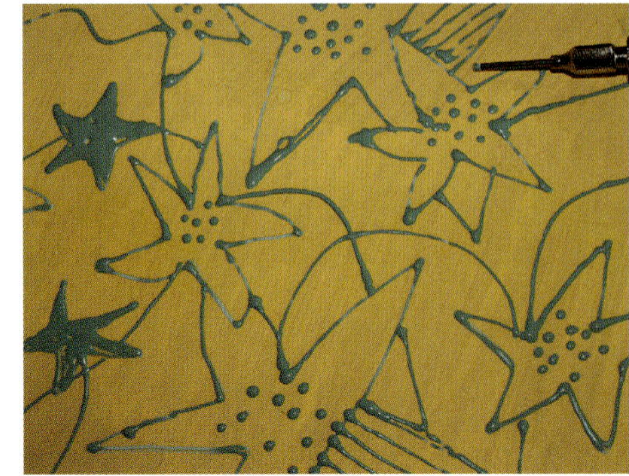

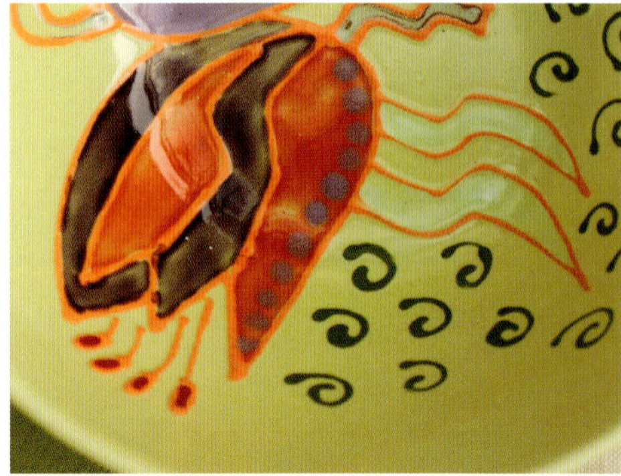

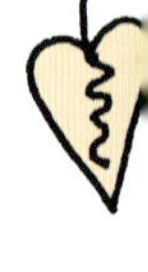

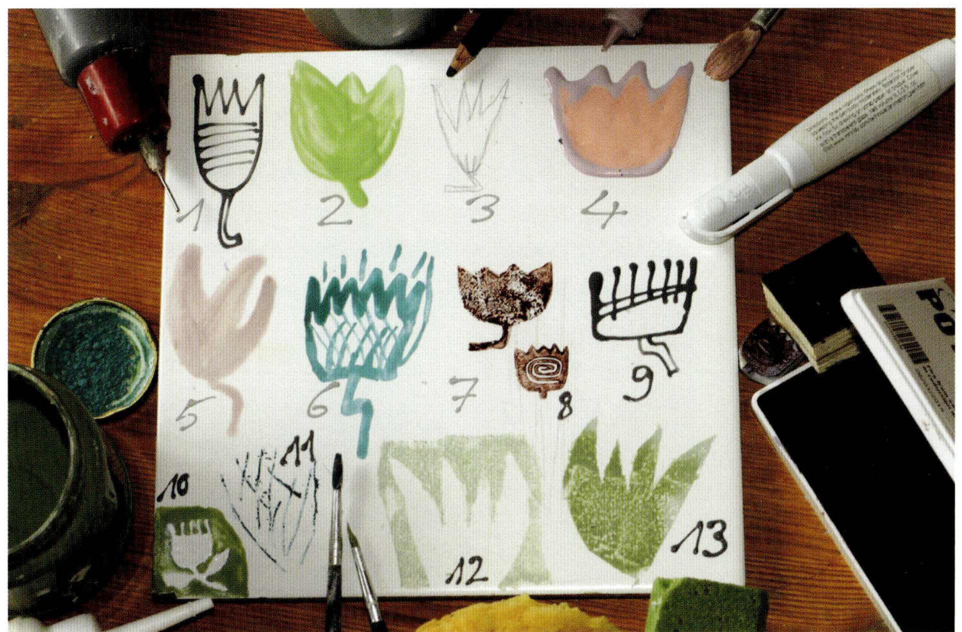

Mustertechniken auf einen Blick

__1__ Engobe: Malfläschchen mit Kanülen für gleichmäßig dünne Linien – __2__ Flächiger Glasurauftrag mit dem Pinsel – __3__ Keramischer Buntstift – __4__ Strukturglasur für Konturen, innen Flüssigglasur. Für vollkommen deckende Flächen sind zwei bis drei Lagen nötig. – __5__ Lasierend aufgetragene Dekorfarbe – __6__ Farbkörper, zum Malen mit einem Hauch Glasurschlicker gemischt – __7__ Stempel aus Moosgummi/Leder (auf einen Holzblock geklebt), Abdruck mit keramischem Stempelkissen – __8__ Radiergummistempel – __9__ Keramischer Schreibstift/Liner – __10__ Ausspartechnik mit Window Color – __11__ Graffitopapier, mit Kugelschreiber durchgepaust – __12__ Papierschablone negativ, mit Engobe betupft – __13__ Schablone positiv

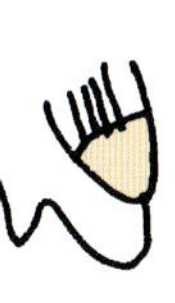
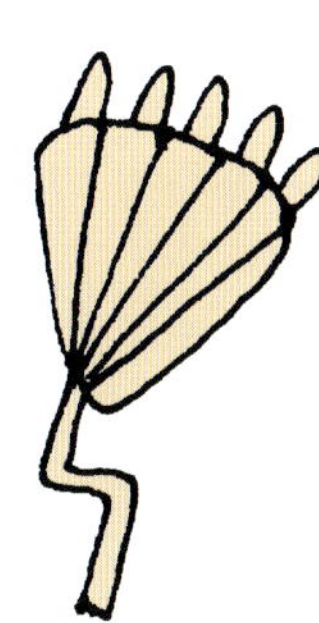
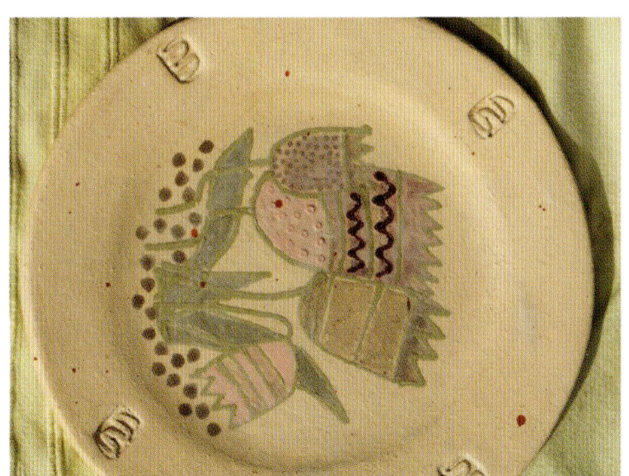
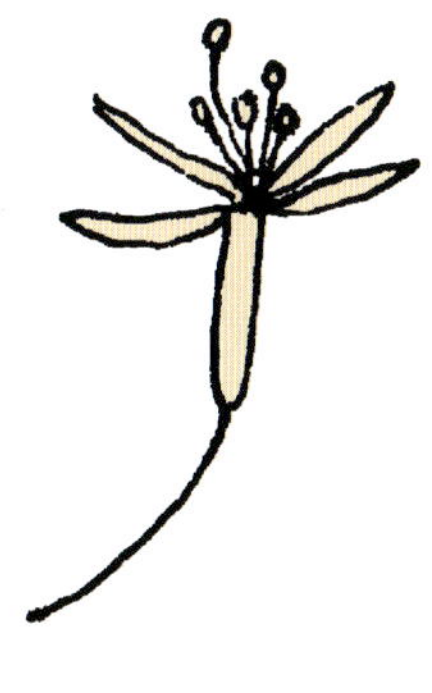
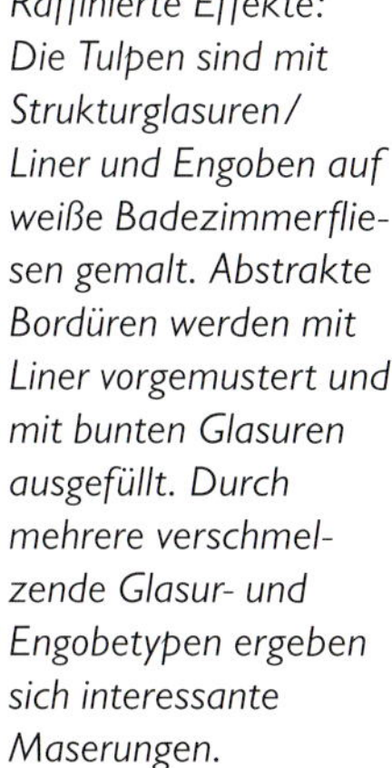

Raffinierte Effekte: Die Tulpen sind mit Strukturglasuren/Liner und Engoben auf weiße Badezimmerfliesen gemalt. Abstrakte Bordüren werden mit Liner vorgemustert und mit bunten Glasuren ausgefüllt. Durch mehrere verschmelzende Glasur- und Engobetypen ergeben sich interessante Maserungen.

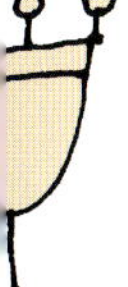
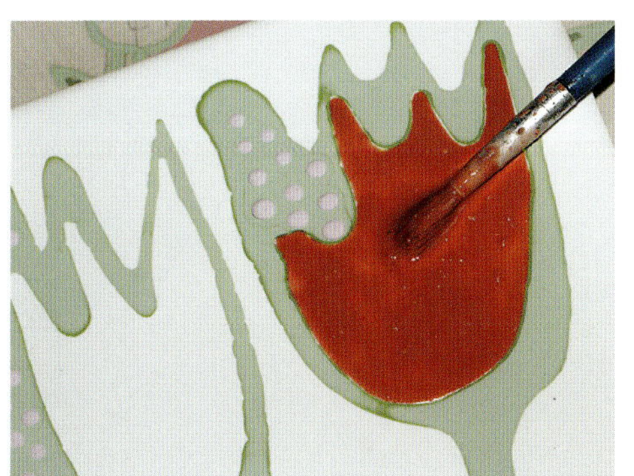
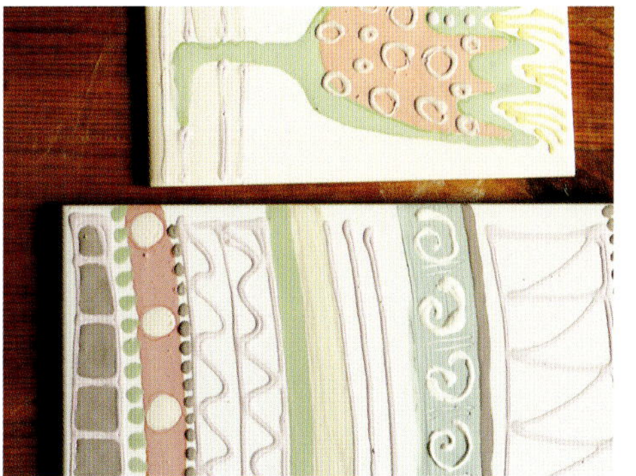
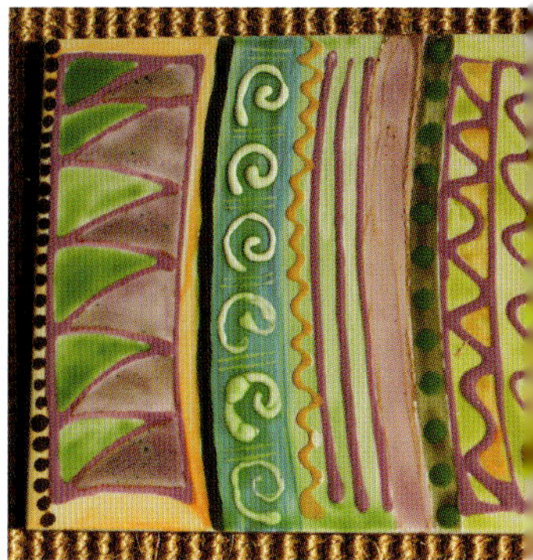

PROJEKT 4

Eleganz der Linie: Anleihen an Jugendstil und Co.

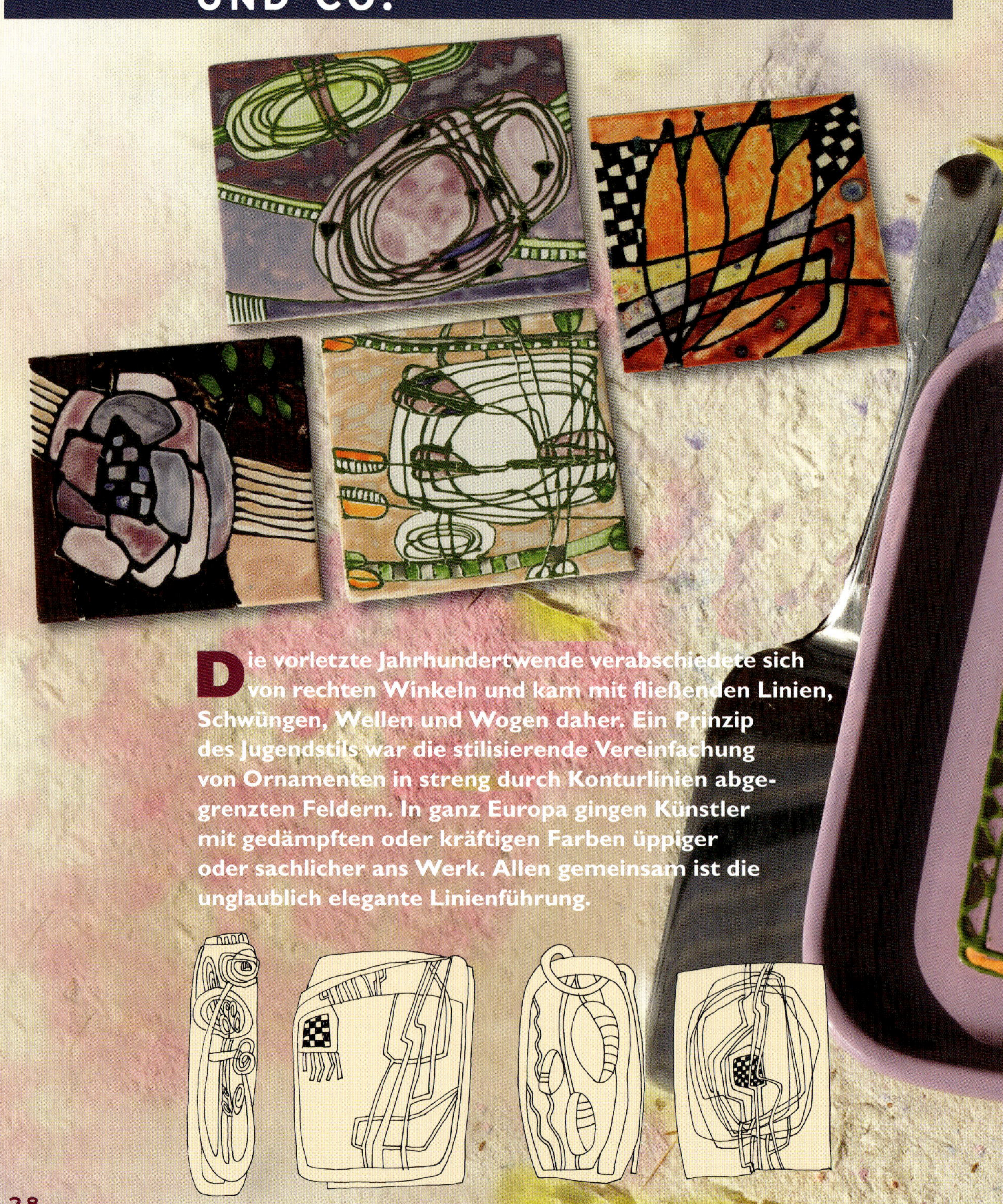

Die vorletzte Jahrhundertwende verabschiedete sich von rechten Winkeln und kam mit fließenden Linien, Schwüngen, Wellen und Wogen daher. Ein Prinzip des Jugendstils war die stilisierende Vereinfachung von Ornamenten in streng durch Konturlinien abgegrenzten Feldern. In ganz Europa gingen Künstler mit gedämpften oder kräftigen Farben üppiger oder sachlicher ans Werk. Allen gemeinsam ist die unglaublich elegante Linienführung.

TIFFANY

Typisch für den Kunsthandwerksstil sind leuchtende Buntgläser zwischen Stegen aus patiniertem Metall. Ähnliche Optik zaubern Sie auf Keramik, wenn Sie mit dem Malhorn/Malfläschchen Konturen aus schwarzer Strukturglasur oder Sinterengobe auftragen und die Flächen mit glänzenden, farbintensiven Fertig- oder Neonglasuren füllen.

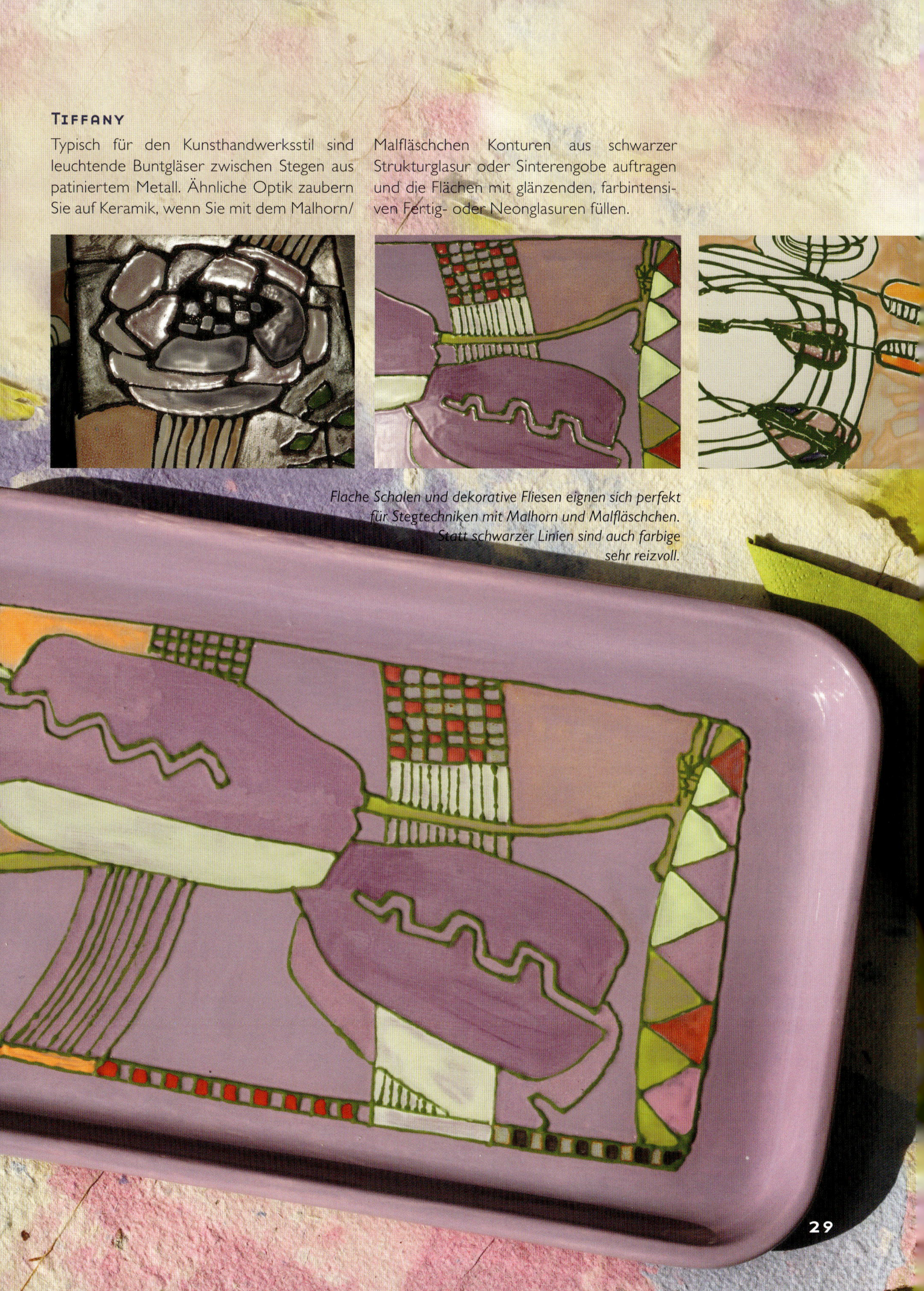

Flache Schalen und dekorative Fliesen eignen sich perfekt für Stegtechniken mit Malhorn und Malfläschchen. Statt schwarzer Linien sind auch farbige sehr reizvoll.

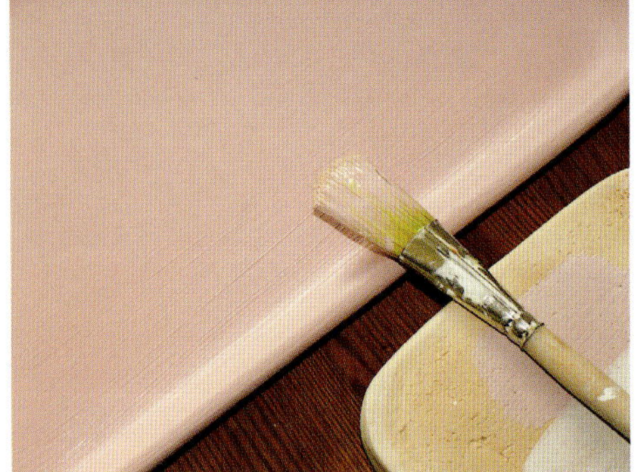

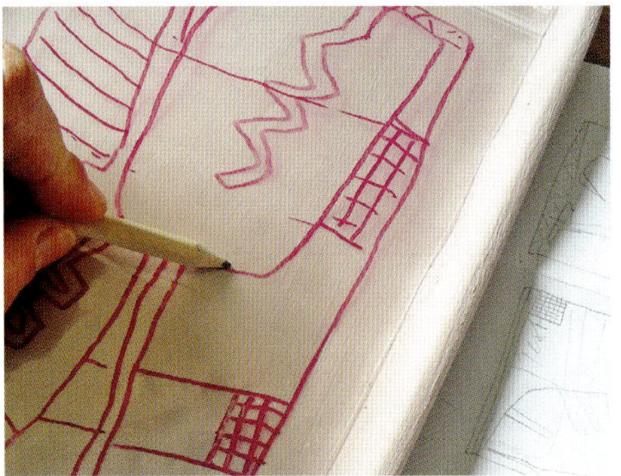

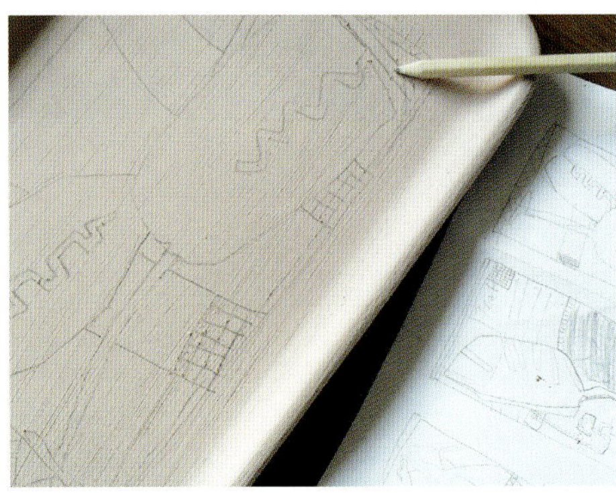

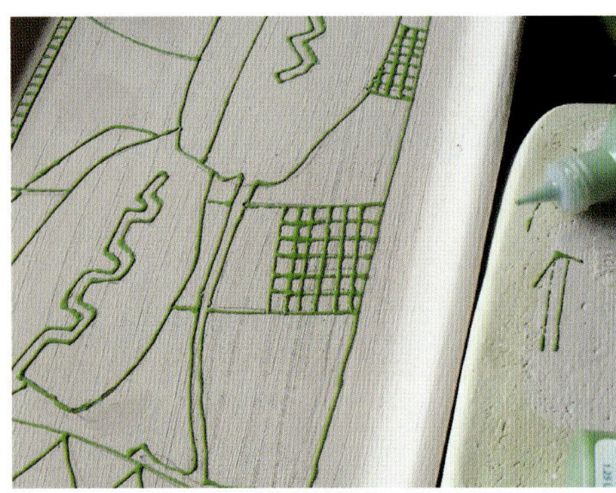

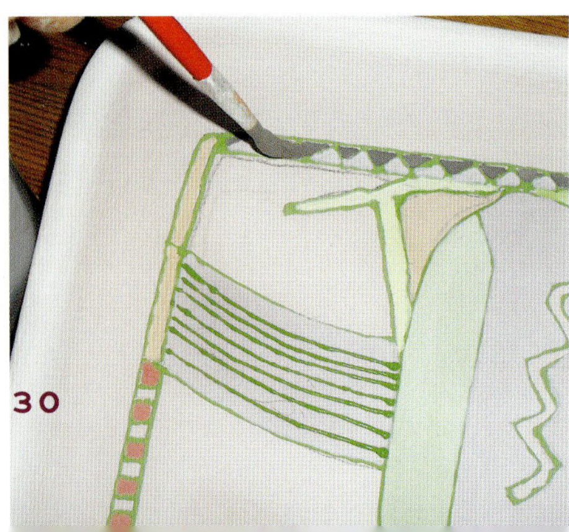

Kunsthandwerk und Künstler bieten reichlich Inspiration für eigene Werke. Wiener Moderne, Mackintosh, Tiffany und Freunde lassen grüßen …

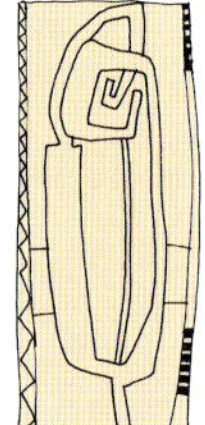

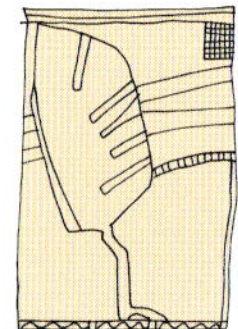

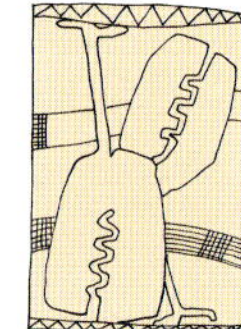

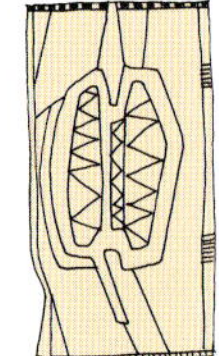

So wird's gemacht – **Rechteckschale**

- Geschrühten ***Rohling*** glasieren: Seiten und Inneres der flachen rechteckigen Servierschale gleichmäßig mit lila ***Flüssigglasur*** bestreichen, trocknen lassen, eine zweite Schicht auftragen, ebenfalls trocknen lassen.
- Dekorlinien mit ***Bleistift*** direkt auf der getrockneten Glasur skizzieren.
- (Alternativ: Dekor mit ***Markerstift*** auf dünner durchsichtiger ***Plastikfolie*** skizzieren, diese auflegen, in Position halten und Linien mit der ***Töpfernadel*** leicht durchdrückend in die trockene Glasurschicht anreißen.)
- Die Konturlinien gleichmäßig mit ***Strukturglasur*** nachziehen. Erst grobe Umrisse, dann Details. Von oben links nach unten rechts arbeiten. Am besten geht es, wenn die Malspitze des Fläschchens die Fläche nicht berührt, sondern knapp darüber gleitet. Linien immer waagrecht von links nach rechts ziehen, wie beim Schreiben. Schale in passende Stellung drehen.
- Gesamtbild nochmals prüfen. Fehler oder kleine Ausrutscher können nach dem Trocknen weggekratzt und neu gestaltet werden.
- Strukturglasur trocknen lassen.
- Musterfelder mit ***Flüssigglasuren*** ausfüllen. Dabei auf gute Kontraste achten. Bei dunkleren Farbtönen reicht eine einfache Lage. Manche Glasurfarben ändern sich im Brand vollkommen.
- Alle Glasuren trocknen lassen. Schale auf kleinen ***Brennstützen*** brennen. Die Glasuren schmelzen vollkommen glatt aus, die Stege bleiben leicht erhaben.

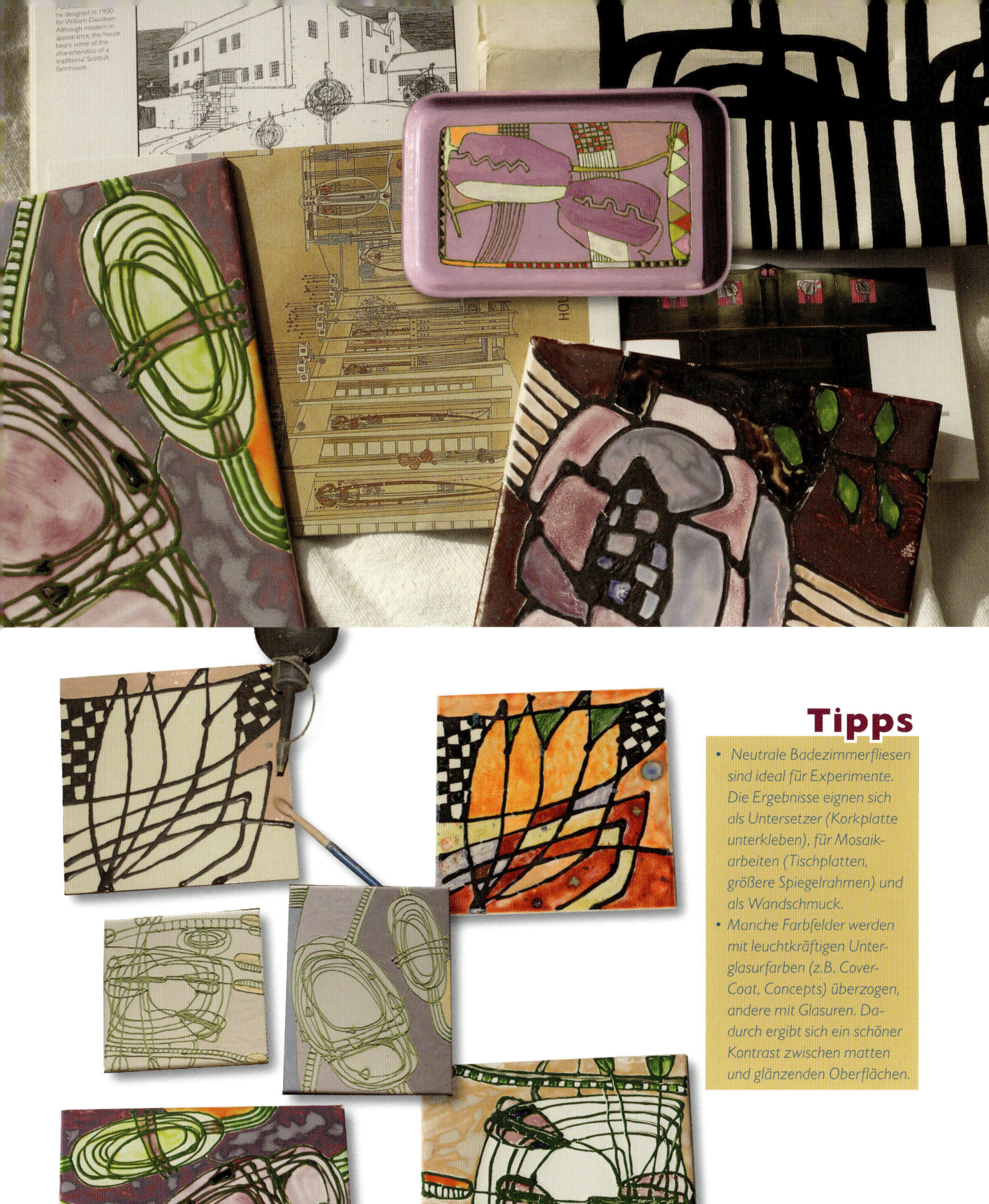

Tipps

- Neutrale Badezimmerfliesen sind ideal für Experimente. Die Ergebnisse eignen sich als Untersetzer (Korkplatte unterkleben), für Mosaikarbeiten (Tischplatten, größere Spiegelrahmen) und als Wandschmuck.
- Manche Farbfelder werden mit leuchtkräftigen Unterglasurfarben (z.B. Cover-Coat, Concepts) überzogen, andere mit Glasuren. Dadurch ergibt sich ein schöner Kontrast zwischen matten und glänzenden Oberflächen.

PROJEKT 5

Dosen und Blumentöpfe: Organische Formen

Sie lassen an Schoten, Früchte oder Blütenformen denken. Auch Einblicke in den Mikrokosmos mit Samen, Pollen, Mikroorganismen und Zellstrukturen sind nicht ausgeschlossen. Organisch anmutende Ornamente wirken sinnlich, anregend, spannungsreich und harmonieren ausgezeichnet mit schlichten Werkstücken.

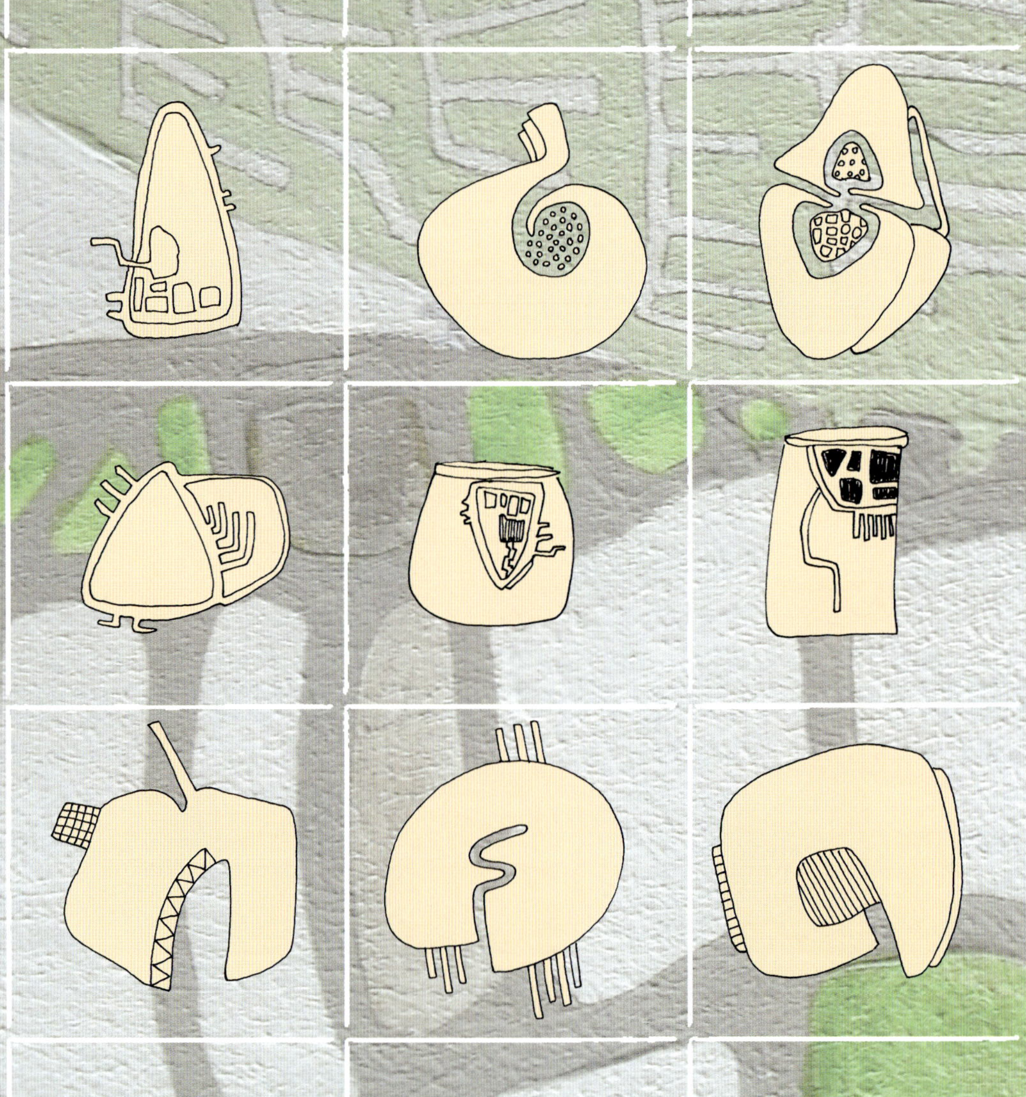

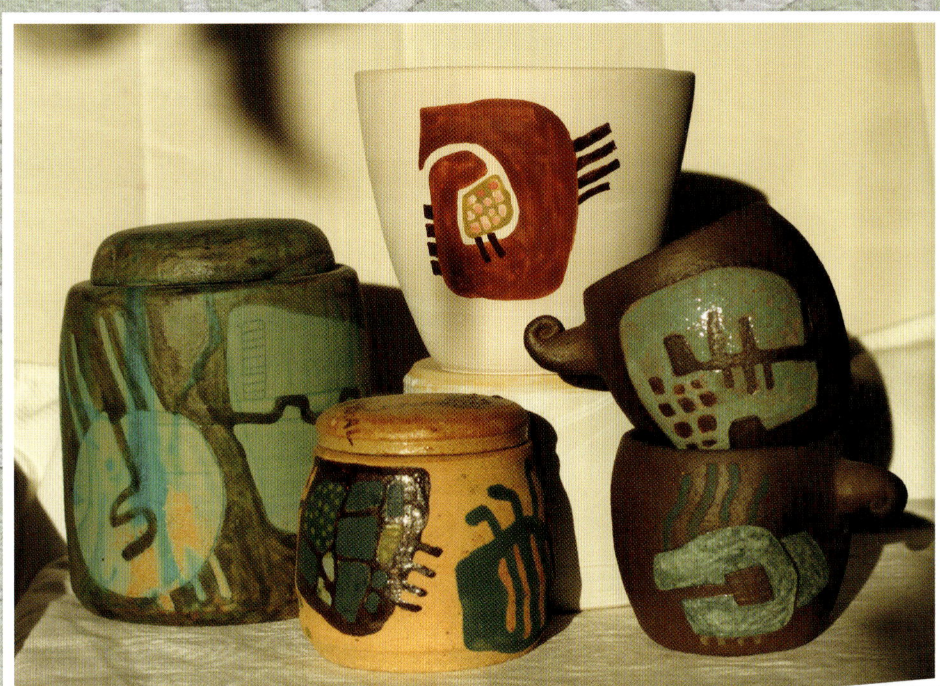

Hintergrund: Bilder und Grafiken als Anregungen für keramische Oberflächen

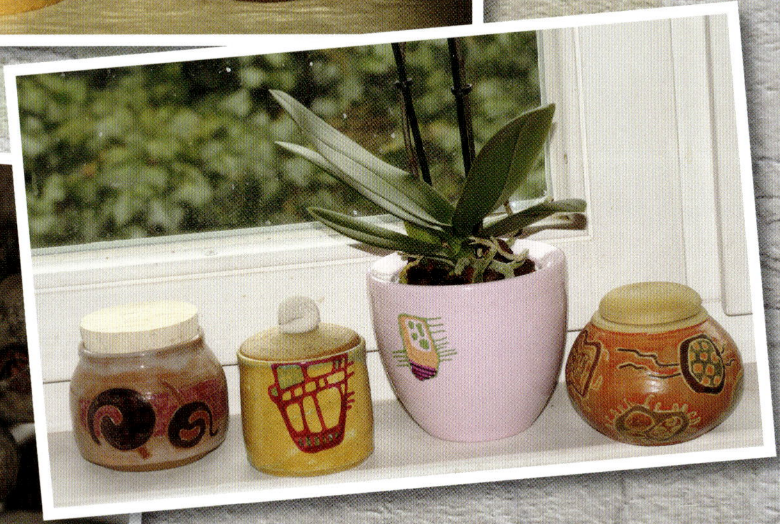

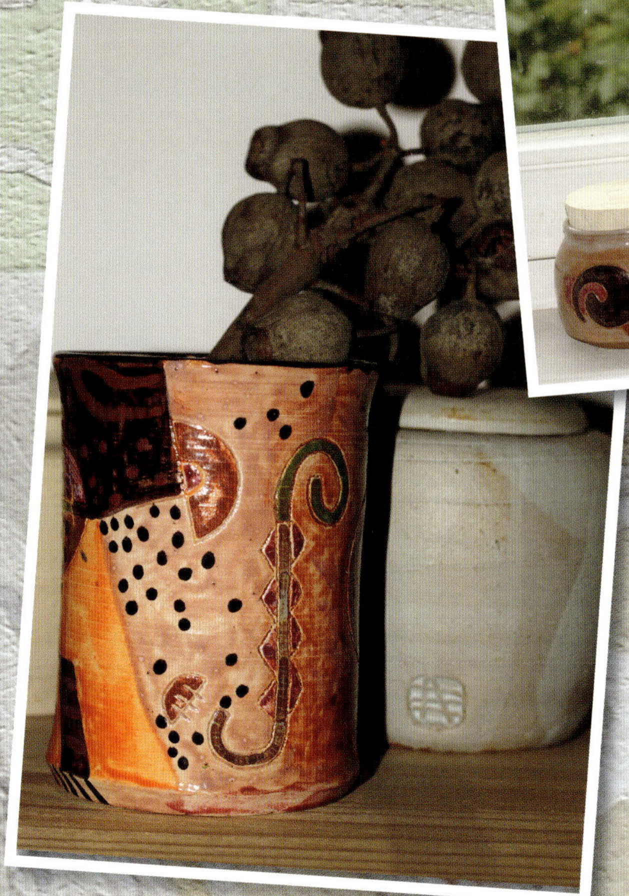

Fertig gekaufte Rohlinge, an der Töpferscheibe gedrehte Dosen und Pflanzgefäße: Zu den Ornamenten passen gut erdige, warme Farbtöne.

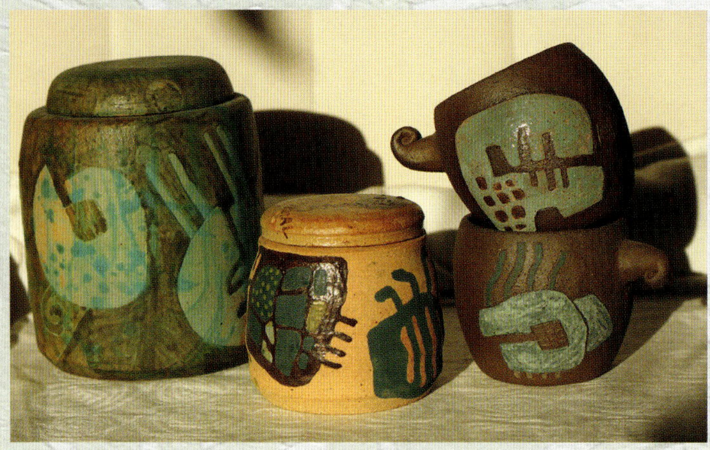

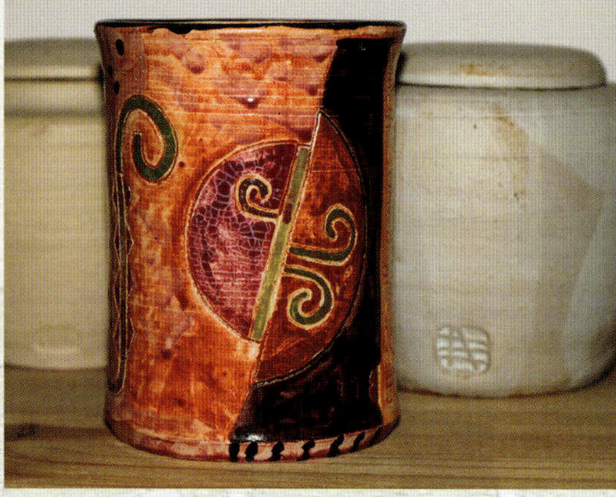

So wird's gemacht –
Vorglasierten Blumentopf bemalen

- Das Ornament in gewünschter Größe auf ***Papier*** skizzieren.
- Ornament ausschneiden und probehalber an den ***Tontopf*** halten.
- Kontur mit feinem ***Markerstift*** andeuten.
- Konturlinien mit ***Strukturglasuren*** oder nicht laufenden ***Flüssigglasuren (Pinsel)*** nachziehen. Trocknen lassen.
- Tontopf waagrecht halten und Flächen innerhalb der Konturen mit Flüssigglasur ausfüllen.
- Trocknen lassen und brennen.

Oben links: Gefäße mit Engoben und Glasuren, bemalt und Ausspartechnik mit Wachs (Urne ganz links)
Oben rechts: Vase mit Dekorfarben und Transparentglasur. Die Musterlinien am besten schon beim Modellieren im rohen Ton einritzen.
Mitte: Malen mit verdünnten Engoben. Mischt man etwas Farbkörperpulver in den Schlicker, deckt er besser.

BITTE BEACHTEN

Gelegentlich sind preiswerte Keramiktöpfe nicht glasiert, sondern nur lackiert. Solche Teile keinesfalls brennen! Geschrühte Rohlinge (Biskuit) möglichst wenig berühren. Auf fettigen „Fingerabdrücken" haften Glasuren erheblich schlechter.

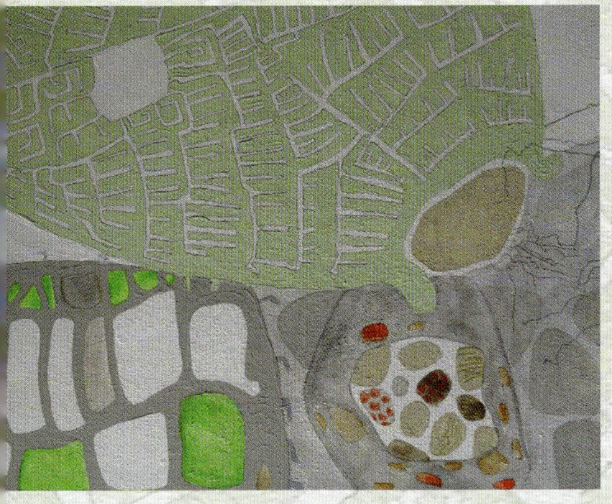

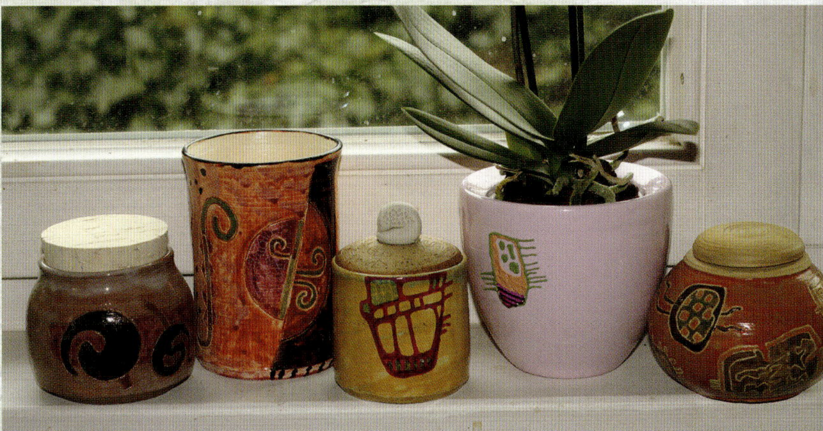

So wird's gemacht –
Geschrühte Deckeldose bemalen

- Dose innen wie gewohnt glasieren und trocknen lassen.
- Mit ***Bleistift*** freihändig oder nach ***Vorlage*** (siehe oben) die Konturen auf die Außenwand des Rohlings skizzieren.
- (Alternativ: Vorlage mit ***Kohlepapier*** exakt durchpausen.)
- Zuerst die Flächen mit ***Sinterengobe*** oder ***Unterglasurfarbe*** ausfüllen. Für Stege und Linien ***Malhorn, Malfläschchen*** oder ***Pinsel*** benutzen.
- Engoben trocknen lassen. Musterränder mit der ***Töpfernadel*** exakt gerade kratzen.
- Dose und Deckel außen unglasiert lassen. Dadurch ergibt sich ein reizvoller Kontrast zwischen natürlicher Tonfarbe und Musterungen. Beide Teile bei 1020-1060 °C brennen.

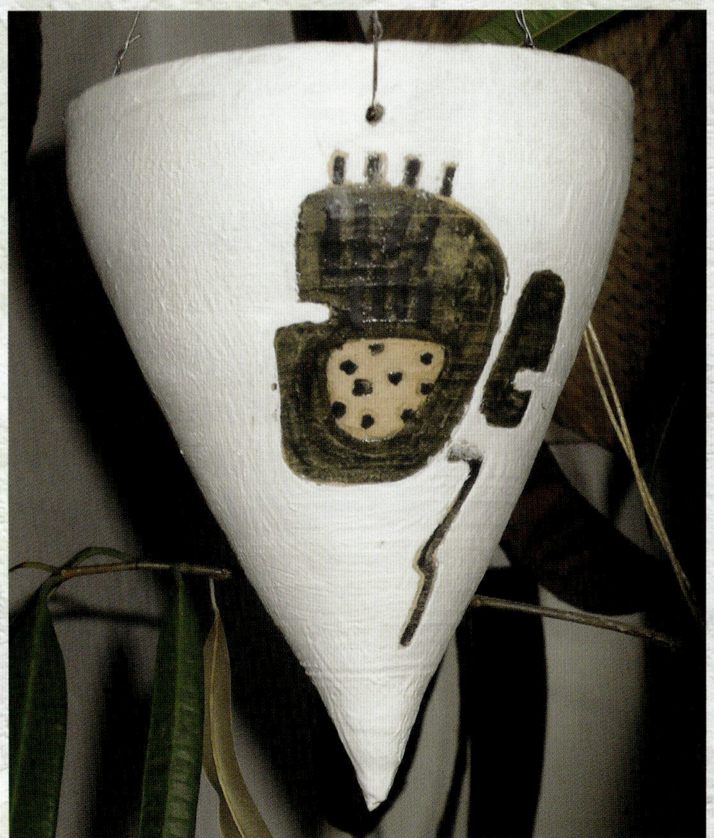

Blumenampel mit weißer Engobe und Dekorfarben

Mustervarianten

- Ähnliche Ornamente in lederharte rohe Tonteile ritzen, mit Engobe ausmalen und Ränder nochmals nachkratzen.
- Mit Sinterengoben/Unterglasurfarbe auf geschrühte Rohlinge malen und überglasieren.
- Mit nicht fließenden Struktur- und Flüssigglasuren auf gebrannte Glasurflächen auftragen.
- Mit Wachsemulsion auf gebrannter Engobe oder Glasur aussparen und mit einer zweiten intensiv deckenden dunkleren Lage überglasieren.

PROJEKT 6

TROPFENSCHALEN: BUNTE PAISLEYMUSTER

Große Flächen sind eine schöne gestalterische Herausforderung. Musterelemente werden dicht an dicht gesetzt, unregelmäßig verstreut oder in endlosem Rapport wie bei Tapetenmustern arrangiert.
Die ursprünglich aus Indien/Kaschmir stammende Tränen- oder Tropfenform wurde Anfang des 19. Jahrhunderts in Europa – speziell in der schottischen Stadt Paisley – für Textilien und gewebte Schals adaptiert und führte zu wahren Moderäuschen. Das schwungvoll dynamische Ornament passt ausgezeichnet zu Keramik. Kräftige Farbstellungen bilden mit der Objektform eine überzeugende Einheit.

DEKORVARIANTEN

Statt Flächen komplett mit Paisleymustern zu bemalen, reichen z.B. auf Tassen oder Schüsseln ein bis zwei markante Tropfen.
Kleinere Schälchen für Knabbereien werden komplett mit einem einzigen Paisleyornament ausgefüllt.

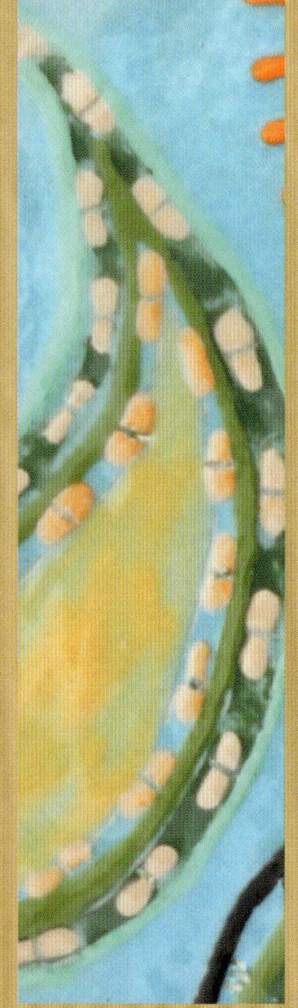

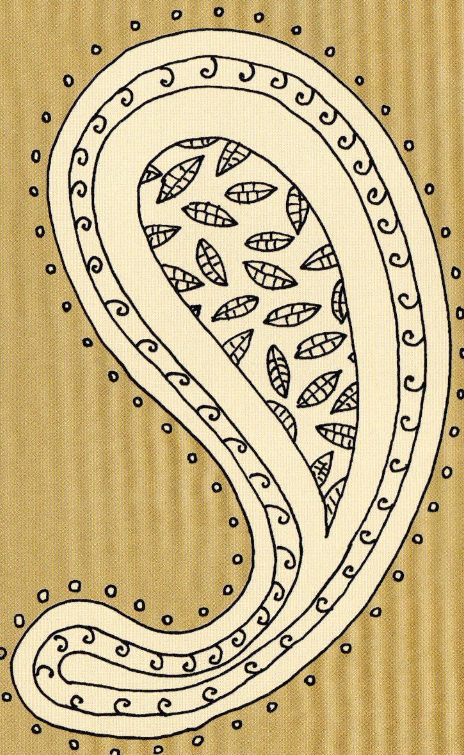

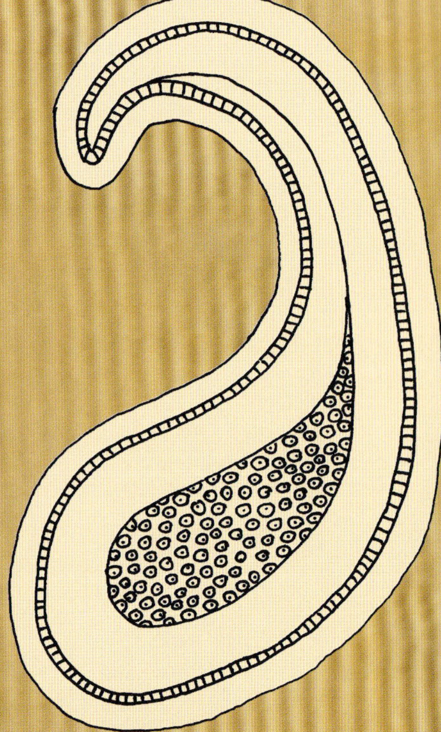

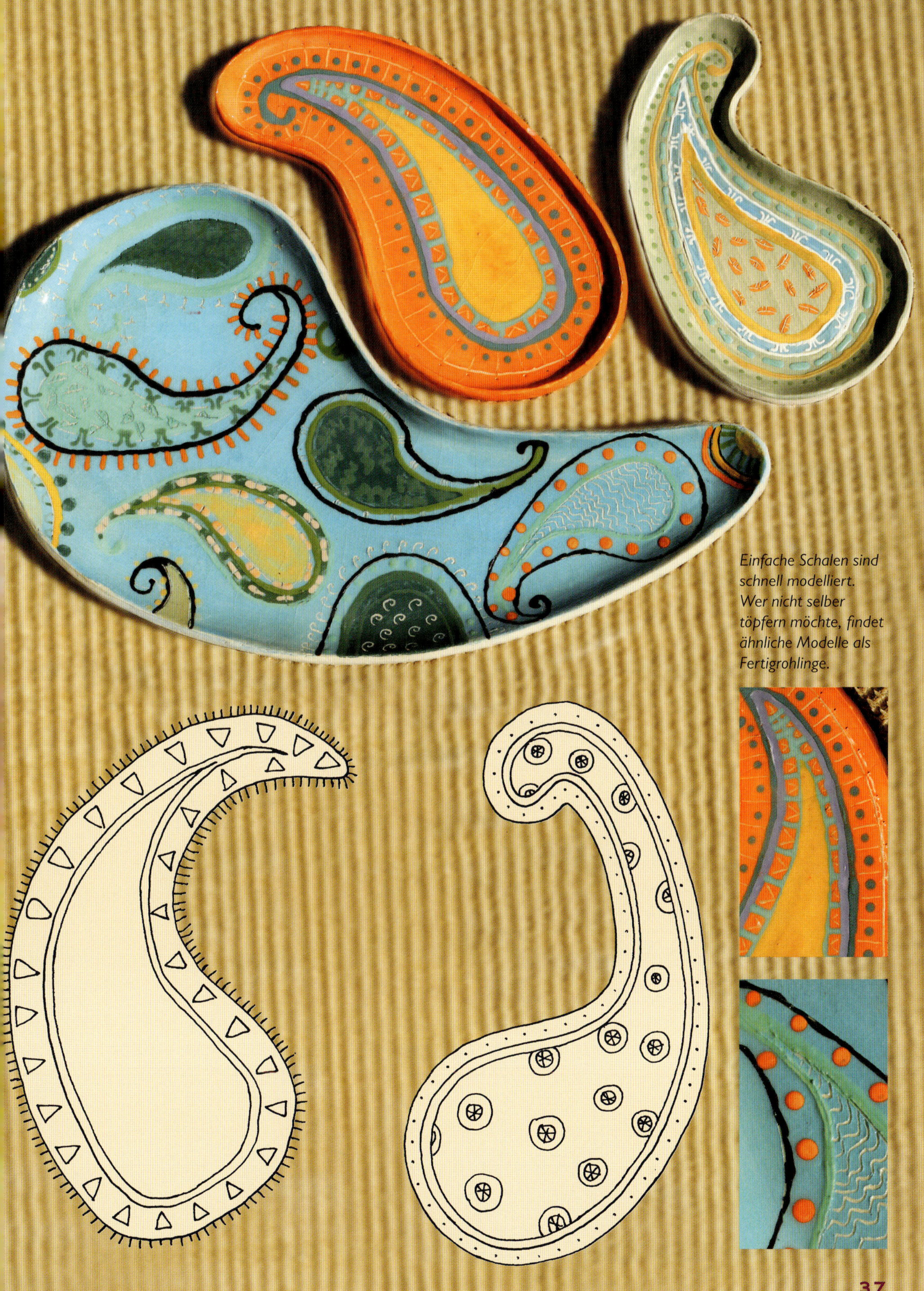

Einfache Schalen sind schnell modelliert. Wer nicht selber töpfern möchte, findet ähnliche Modelle als Fertigrohlinge.

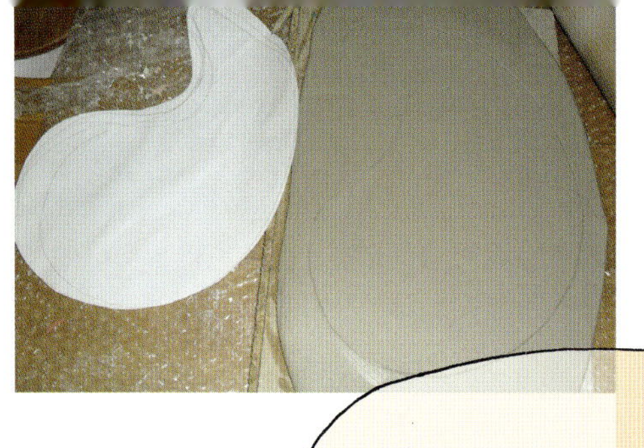

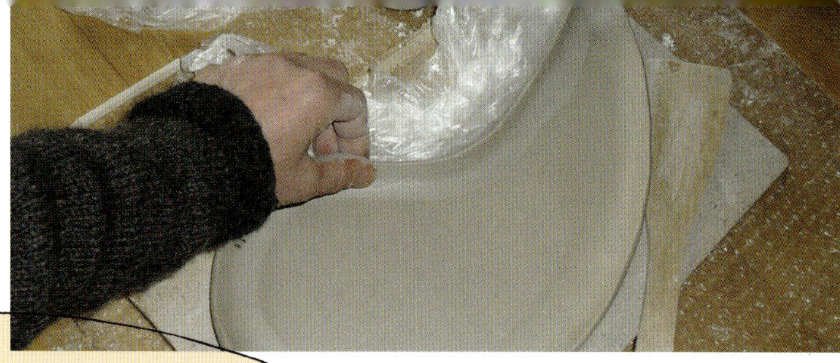

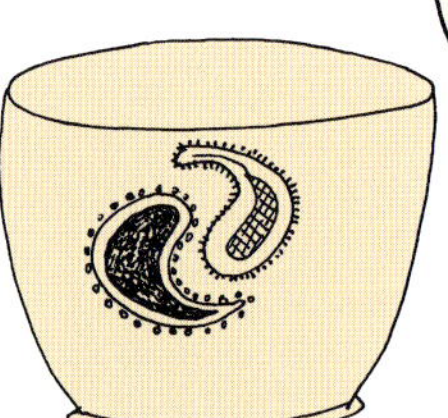

So wird's gemacht –
Große Tropfenschale

- Leicht schamottierten hellen ***Töpferton*** auf einem glatten ***Leintuch*** zu einer etwa 5 mm starken gleichmäßigen Platte ausrollen. Zwischendurch mehrmals wenden, damit die Platte nicht festklebt.
- Aus ***Papier*** eine Tropfenschablone zuschneiden. Auf die Platte legen und mit dem ***Töpfermesser*** ausschneiden. Das türkise Modell ist ungebrannt knapp 40 cm lang.
- Oberfläche etwas anziehen lassen, bis sie nicht mehr klebt. Nochmals leicht überrollen und Kanten exakt nachschneiden.
- Mit den Fingern die Kante rundum zu einer 1-2 cm hohen Wand nach oben biegen. Rundung und Knick außen und innen mit den Fingern glätten.
- Fast lederhart trocknen lassen. Kante mit den Fingern gleichmäßig zu einer dünneren, schärferen Linie pressen. So wirkt die Schale eleganter, ohne instabil zu werden.
- Schale vorsichtig wenden und auf geknüllte ***Plastiktüten*** lagern. Hochgebogene Kante von außen rundum mit einem ***Kochlöffel*** für einheitlichen Schwung leicht klopfen.
- Schale wieder wenden und abstellen. Kante bei Bedarf nochmals von außen mit dem Schwamm nachglätten.

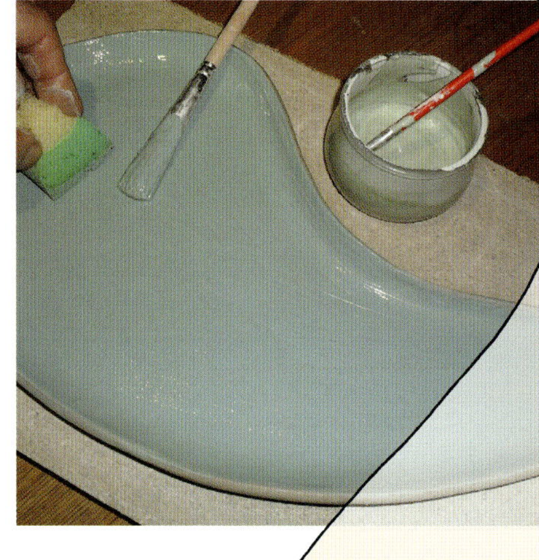

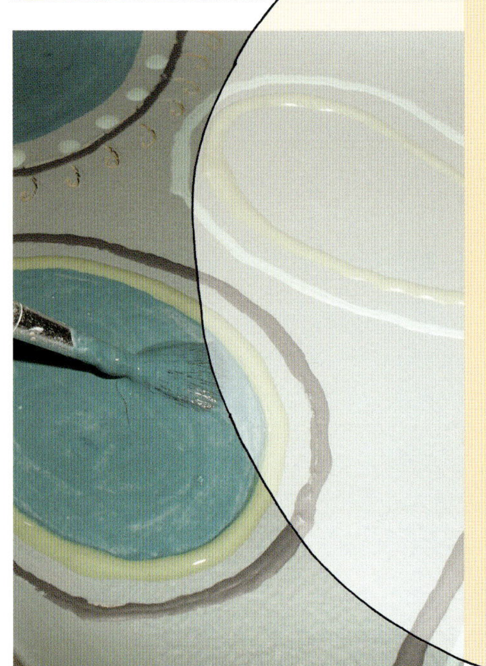

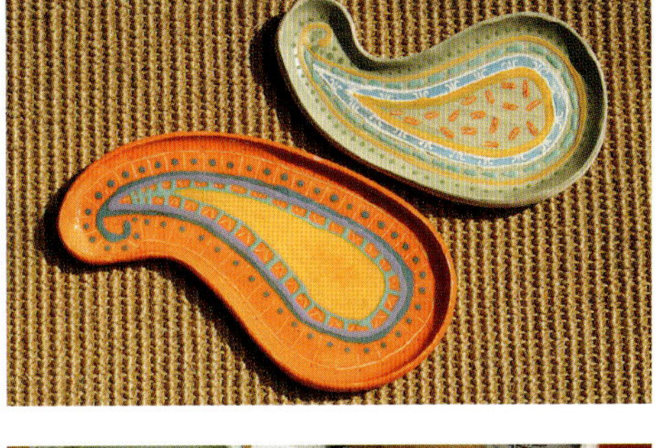

So wird's gemacht – Dekor

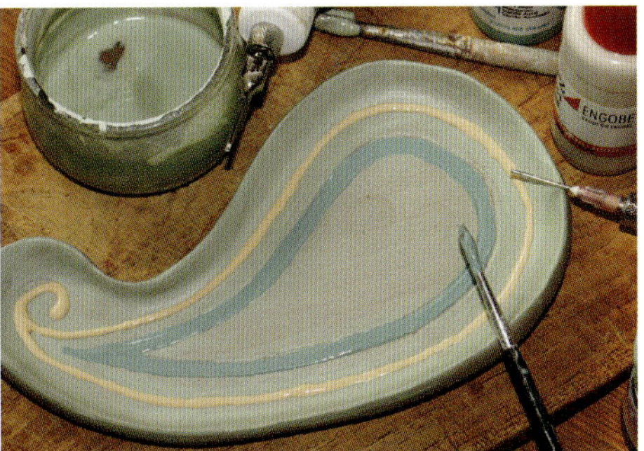

- Lederharte Schale mit türkiser ***Unterglasurfarbe*** betupfen. Erste Schicht trocknen lassen, darüber eine zweite auftragen. Längs und quer mit dem ***Pinsel*** aufstreichen oder mit einem kleinen ***Schwamm*** glatt auftupfen.
- Konturen der Tropfenmuster freihändig mit der ***Töpfernadel*** auf der Fläche andeuten. (Alternativ: ***Papierschablonen*** schneiden, auflegen und mit der Nadel umfahren.)
- Konturen mit kontrastierender ***Engobe*** (***Malfläschchen mit Kanüle, Malhorn***) nachziehen.
- Tropfen innen abwechslungsreich mustern: Details ebenfalls mit der Nadel andeuten und mit Engobe nachziehen. Parallel zur Kontur innen mehrere dickere und dünnere Zusatzlinien und Bordüren in unterschiedlichen Farben (z.B. Komplementärfarben der Grundfläche) auftragen. Zwischenräume mit Punkten, Strichen, Kringeln füllen. Auch außerhalb der Grundlinie weitere Schnörkel, Tupfen etc. anbringen.
- Zusätzliche Details mit der Töpfernadel in die lederharte Fläche ritzen. Brösel entfernen.
- Schale langsam unter ***Plastikfolie*** trocknen lassen und brennen.
- Nach dem Schrühbrand die Kante mit ***Schmirgelpapier*** nochmals rundum zu einer perfekt geschwungenen Linie nachglätten.
- Weitere ***Struktur- und Flüssigglasuren*** auftragen. Trocknen lassen.
- Innenfläche transparent glasieren. Nochmals brennen.
- Variante für geschrühte Rohlinge

Gesamtes Dekor in einem Durchgang gestalten: Fläche komplett mit Unterglasurfarbe überziehen und trocknen lassen. Mit Struktur- und Fertigglasuren abwechslungsreich bemalen und brennen.

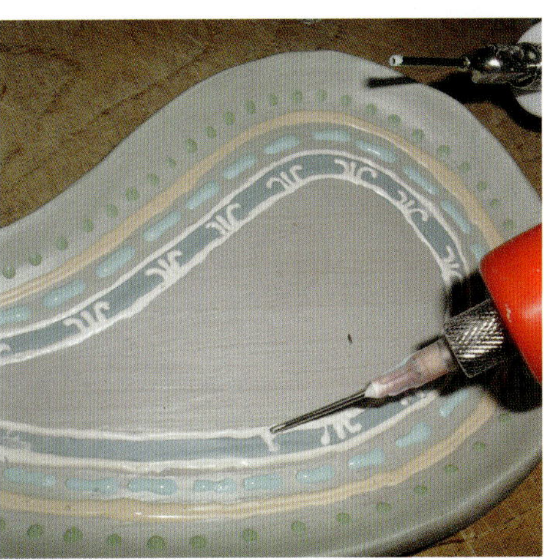

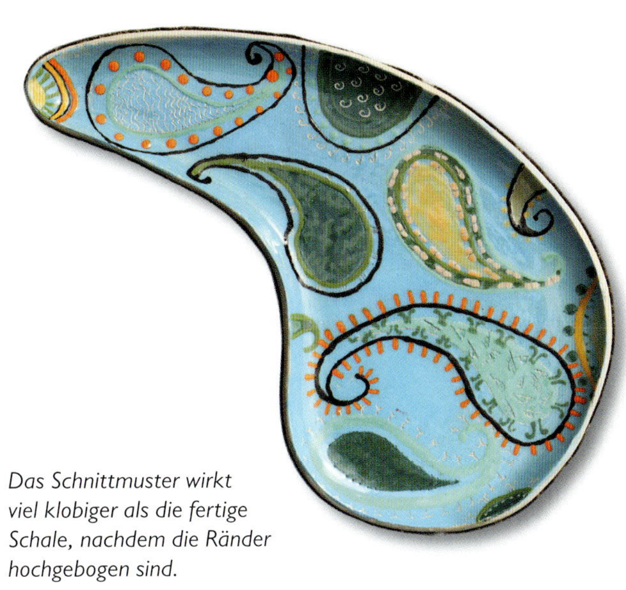

Das Schnittmuster wirkt viel klobiger als die fertige Schale, nachdem die Ränder hochgebogen sind.

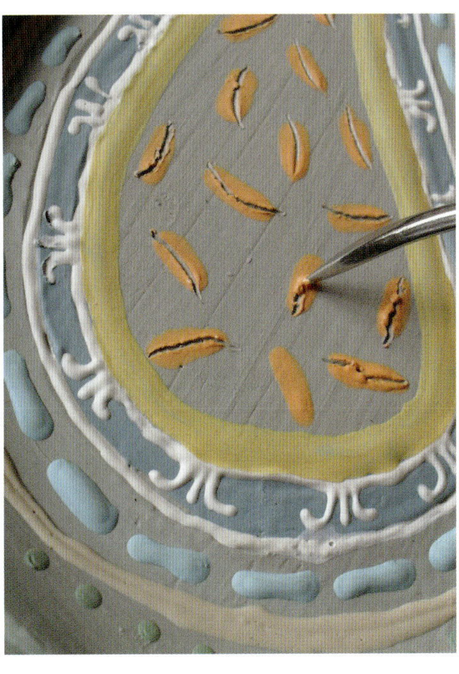

PROJEKT 7

Accessoires fürs Bad: Schnecken- und Muschelmotive

Was könnte besser zum Planschen im heimischen Waschbecken passen ... Zwei ausgefallene Mustertechniken wurden hier zu lebhaften Zufallsbildern kombiniert: Schaumblasen für den Hintergrund, schnelle Knetgummistempel für die Motive. Rohlinge für Zahnbürstenhalter, Seifenspender, Seifenschalen etc. sind in reicher Auswahl erhältlich.

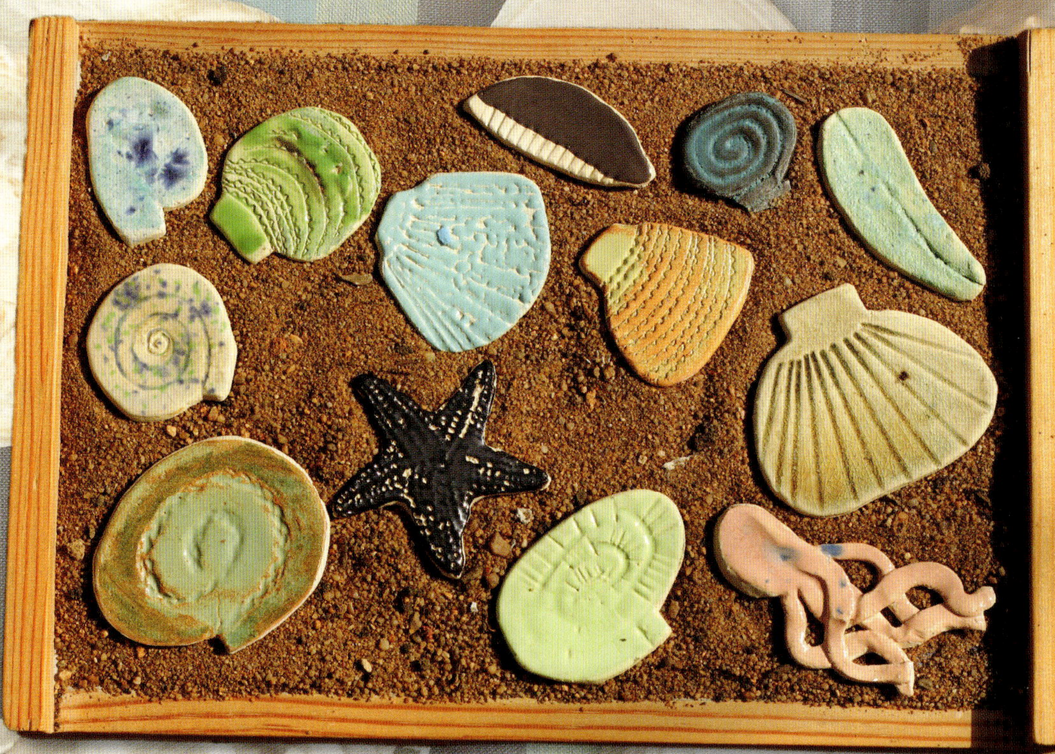

Sandstrand mit Strandsand ... Glasurproben, als Muscheln und Meeresgetier geformt. Für ein „Strandbild" Gipsbrei in ein flaches Holztablett gießen, Tonteile zügig eindrücken, Gipsoberfläche mit grobem Sand bestreuen und Überschuss nach dem Trocknen abschütten.

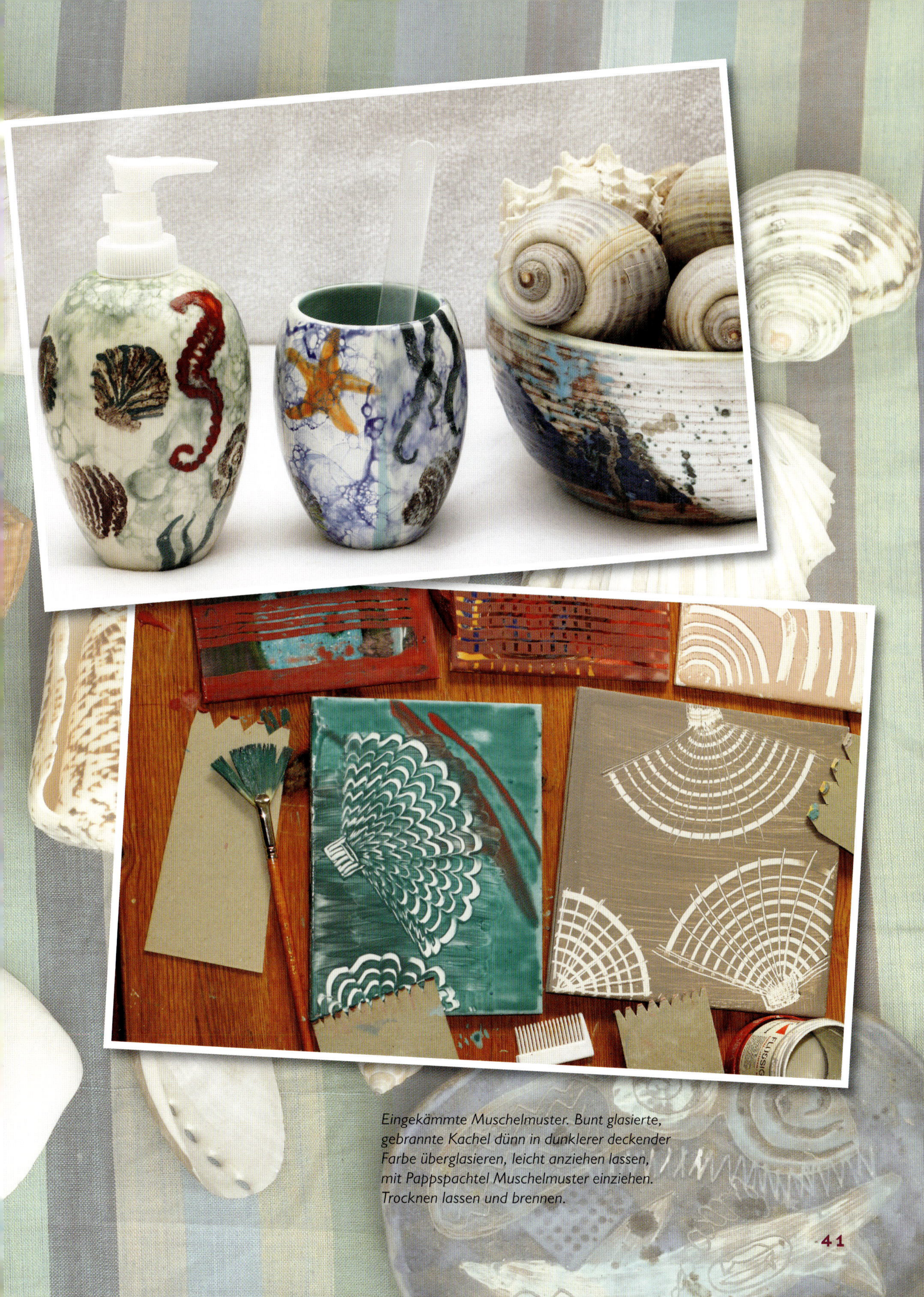

Eingekämmte Muschelmuster. Bunt glasierte, gebrannte Kachel dünn in dunklerer deckender Farbe überglasieren, leicht anziehen lassen, mit Pappspachtel Muschelmuster einziehen. Trocknen lassen und brennen.

So wird's gemacht – **Hintergrund**

- Geschrühten ***Rohling*** innen wie gewohnt glasieren.
- Oberfläche mit Blasenmuster masern: 1 TL ***Spülmittel*** mit ½ TL blauem/türkisem ***Glasurschlicker*** plus ein paar Tropfen Wasser mischen.
- (Alternativ: Ähnlich funktioniert es mit einer Messerspitze ***Farbkörper*** oder etwas ***Flüssigengobe***.)
- Mischung in einem ***Becher*** verrühren. Mit ***Strohhalmen*** kräftig pusten, bis Blasen erscheinen.
- Etwas Schaum mit einem ***Löffel*** auf den Rohling umladen. Oder diesen in den Schaum halten. Wirkung und Farbintensität vorab auf weißem Papier probieren. Zu viel Schaum ergibt dicke Kleckse, zu wenig verblasst im Brand. Kleine Teilflächen für die Muschelmuster frei halten.

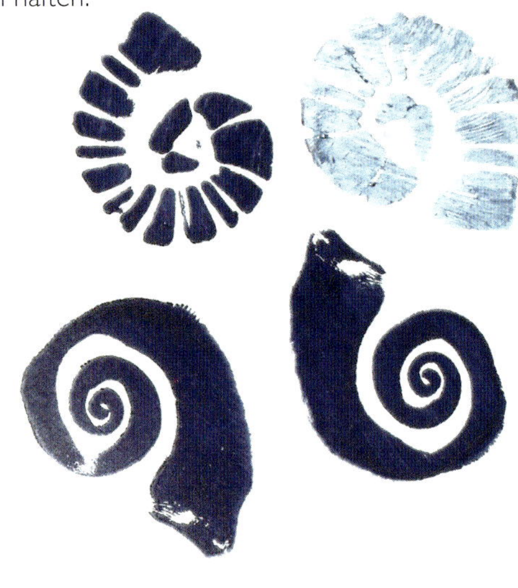

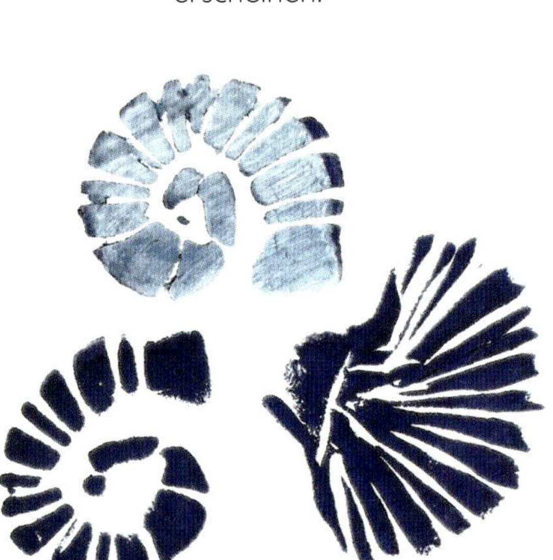

So wird's gemacht – **Stempel und Muster**

- Muschel: Aus weichem ***Knetgummi*** flache Muschel formen. Auf der Unterlage platt drücken. Mit einer ***Holzleiste*** senkrechte Rillen oder mit ***Kronkorken/echter Muschelkante*** waagrechte Riffelungen eindrücken. Nochmals vorsichtig abflachen. Nur die ganz aufliegenden Flächen drücken sich später ab. Stempelform auf ***Papier*** mit normalem ***Stempelkissen*** ausprobieren und optimieren. Nicht zu fest aufpressen, damit die Details erhalten bleiben.
- Schnecke: Langen Kegel mit dünn auslaufender Spitze rollen. Schräg an einer scharfkantigen ***Holzleiste*** entlang abrollen, so dass auf ganzer Länge feine Rillen rund um den Kegel laufen. Von der Spitze her zu einer Schnecke aufrollen. Die feiner strukturierte Mitte muss ganz hoch liegen, damit sie später beim Abdruck sichtbar ist.
- Stempel zum Einfärben vorsichtig auf einem ***keramischen Stempelkissen*** reiben.
- (Alternativ: Stempel mit dickflüssiger ***Dekorfarbe*** betupfen. Rillen und Vertiefungen dürfen sich dabei nicht zusetzen.)
- Stempel kräftig auf die vorgesehene Stelle zwischen den Blasenmustern auf den Rohling pressen. Das Knetgummi passt sich auch leicht gewölbten Flächen an.
- Nach mehrmaliger Verwendung wird der Abdruck immer ungenauer. Im Zweifelsfall lieber neue Stempel formen.
- Details mit Dekorfarbe aufmalen.
- Alles trocknen lassen. Teilflächen vorsichtig mit Transparentglasur betupfen, ohne sie zu verwischen. (Wenn die mit blauer Glasur erzeugten Schaumblasen gestochen scharf bleiben sollen, dürfen sie nicht komplett überglasiert werden, sonst mischen sich beide Glasuren zu leicht verschwommenen Konturen.)
- Brennen.
- Den passend mitgelieferten Plastikverschluss auf das Gewinde des Seifenspenders schrauben.

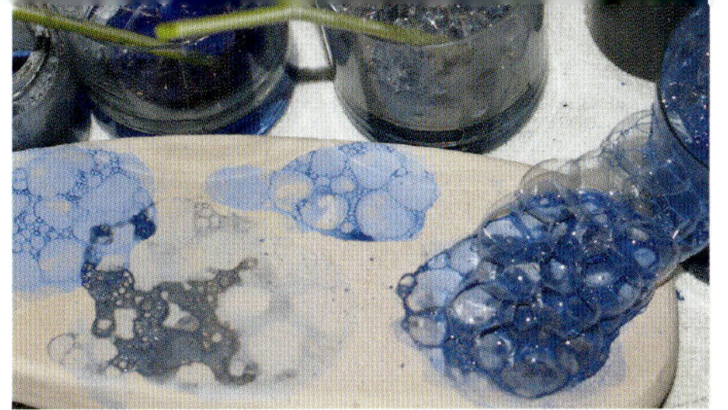

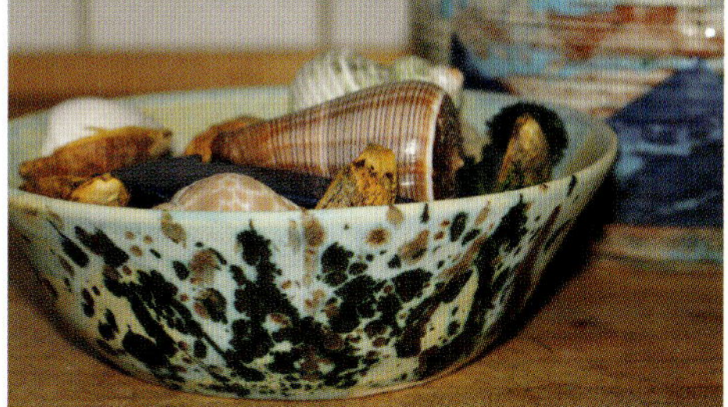

Weitere „Strandeffekte“: Türkisglasur sehr dünn auftragen und großzügig Metallicglasur aufklecksen.

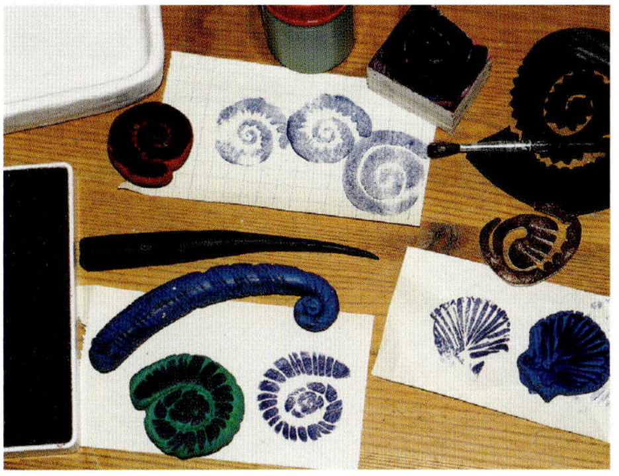

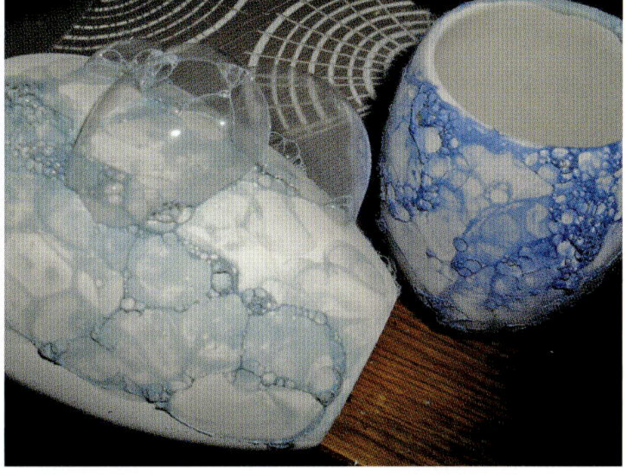

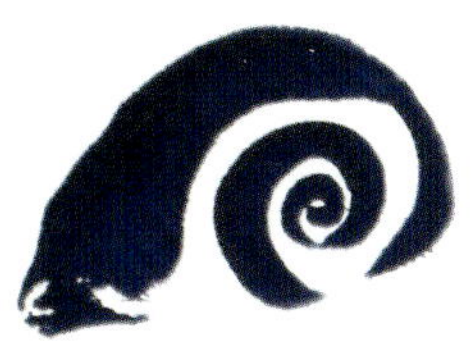

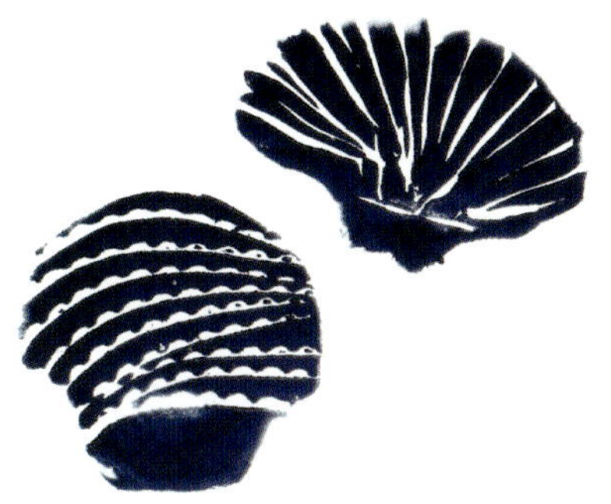

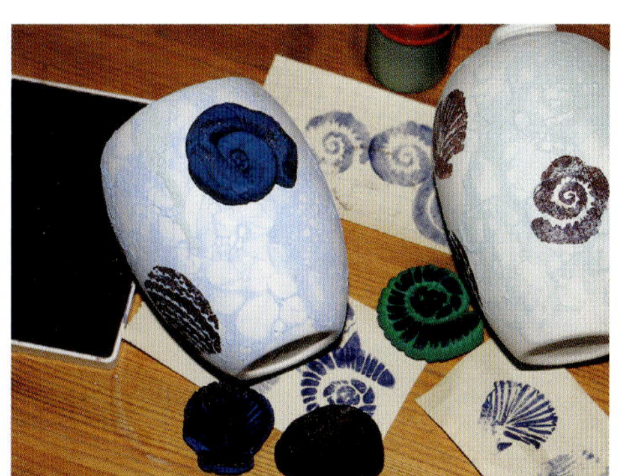

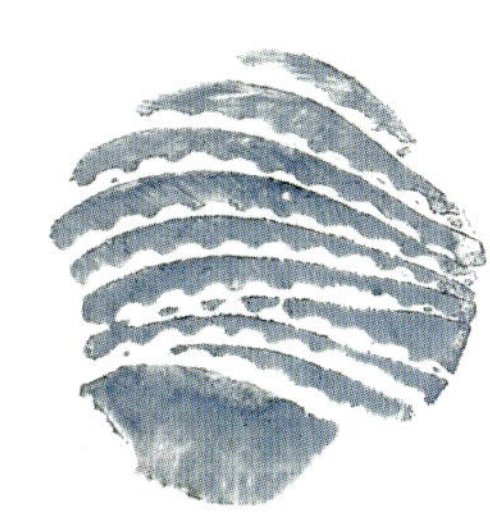

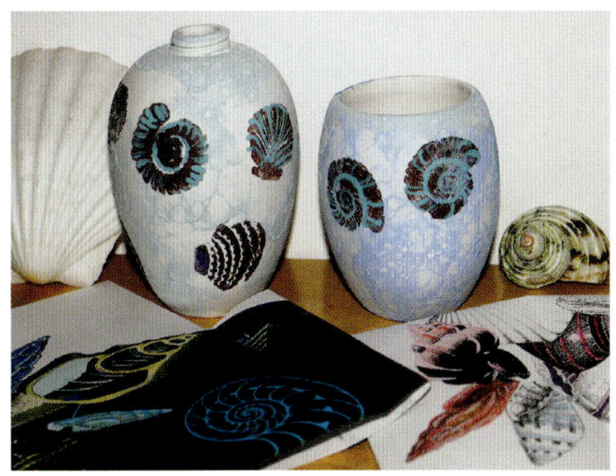

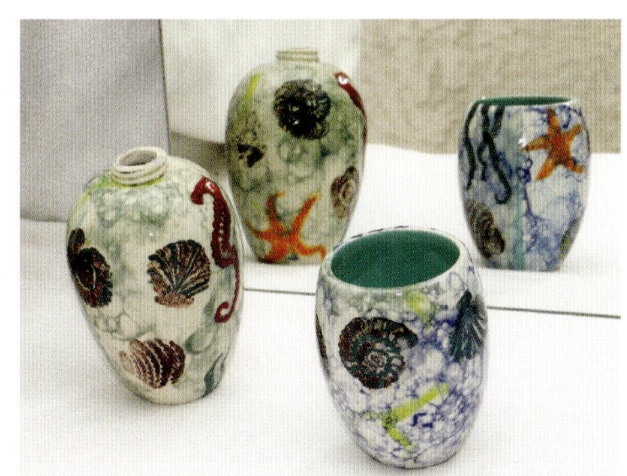

Bildbände über Muscheln und Meerestiere liefern Anregungen. Fotos schwarzweiß fotokopieren, ausschneiden, farblich verfremdet ausmalen, neu arrangieren.

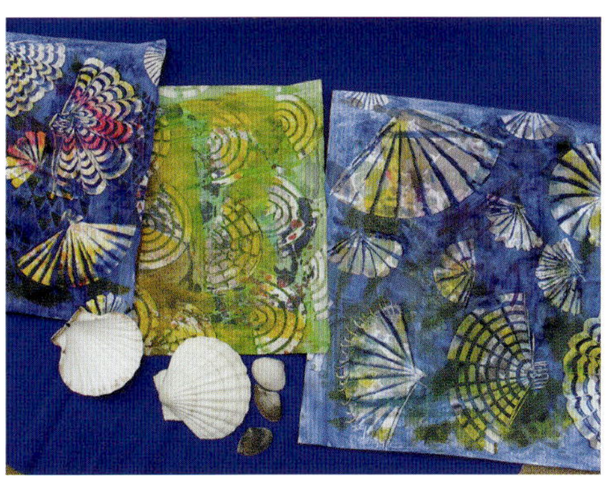

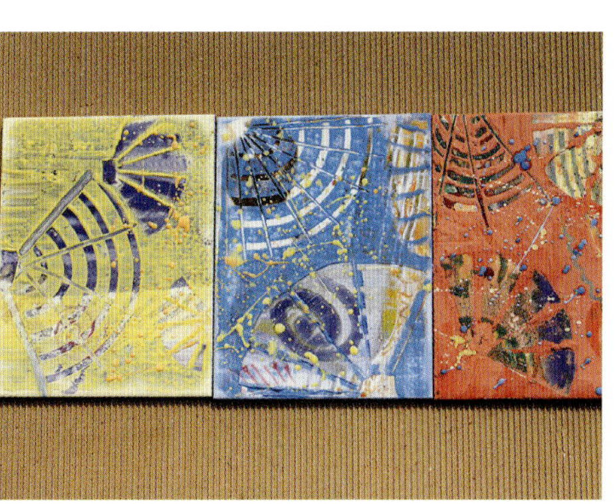

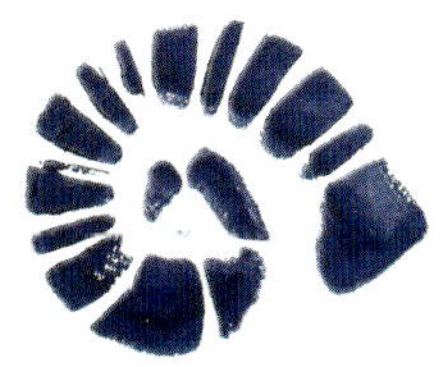

Bunte Kleisterpapiere gaben die Anregung für eingekämmte Muschelmuster (links Kleisterpapier, rechts Keramikkacheln).

PROJEKT 8

Bemaltes Porzellangeschirr: Menschen unter sich

Tipps

- Motive und Anordnung an die Geschirrform anpassen und Wölbungen einbeziehen. Dekore sollten sich dem Gebrauch unterordnen. Wie wird die Tasse gehalten, wo setzt der Mund zum Trinken an? Auch der Innenboden kann mit dekorativen Einblicken, „Trinksprüchen“ etc. überraschen.
- Tassen und Untertassen aufeinander abstimmen.
- Trockene Graffito- und Stiftzeichnungen können direkt roh überglasiert werden. Schlicker vorsichtig mit breitem Pinsel aufstreichen.

Menschliche Figuren und Porträts sind in den letzten Jahren zu einem beliebten Motiv auf Gebrauchs- und Designergeschirr geworden. Verspielte Gesichter und Personen in allen Lebenslagen, der Alltag und das Besondere zwinkern uns beim Essen und Trinken zu. Naturgetreu oder stilisiert, spontan gekritzelt oder aufwändig gemalt, passt die Idee auch gut zu eigenen Werken – von modellierten Einzelstücken und Fertigrohlingen bis zu einfachem Porzellan. Bitte nur ungiftige, lebensmittelechte Glasuren verwenden.

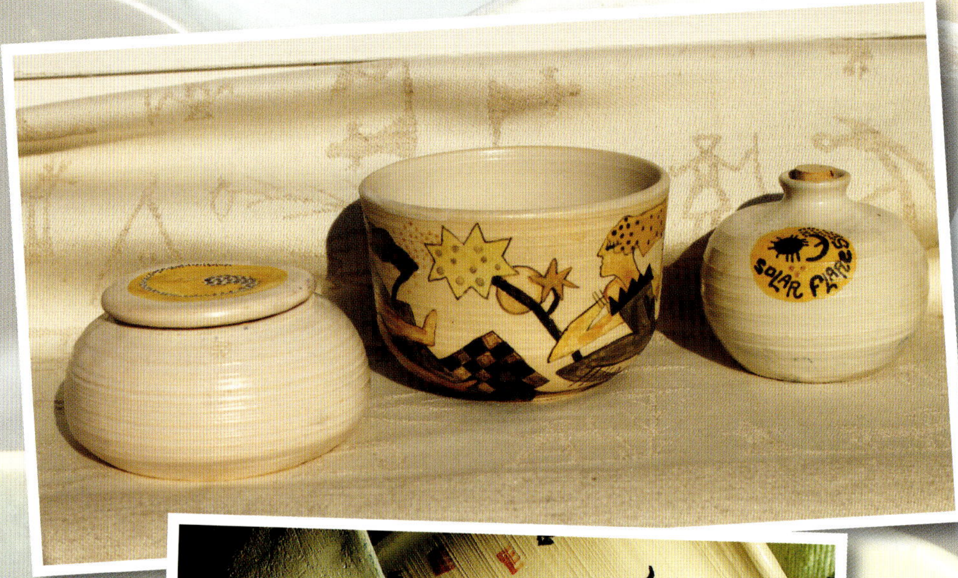

Links: Dekorfarben auf hauchdünn transparent glasierten Flächen
Rechts: Strukturglasuren
Rechts unten: Die „Muffinbäckerin“ wurde mit keramischem Malstift skizziert, mit flüssigem Unidekor koloriert und transparent glasiert.

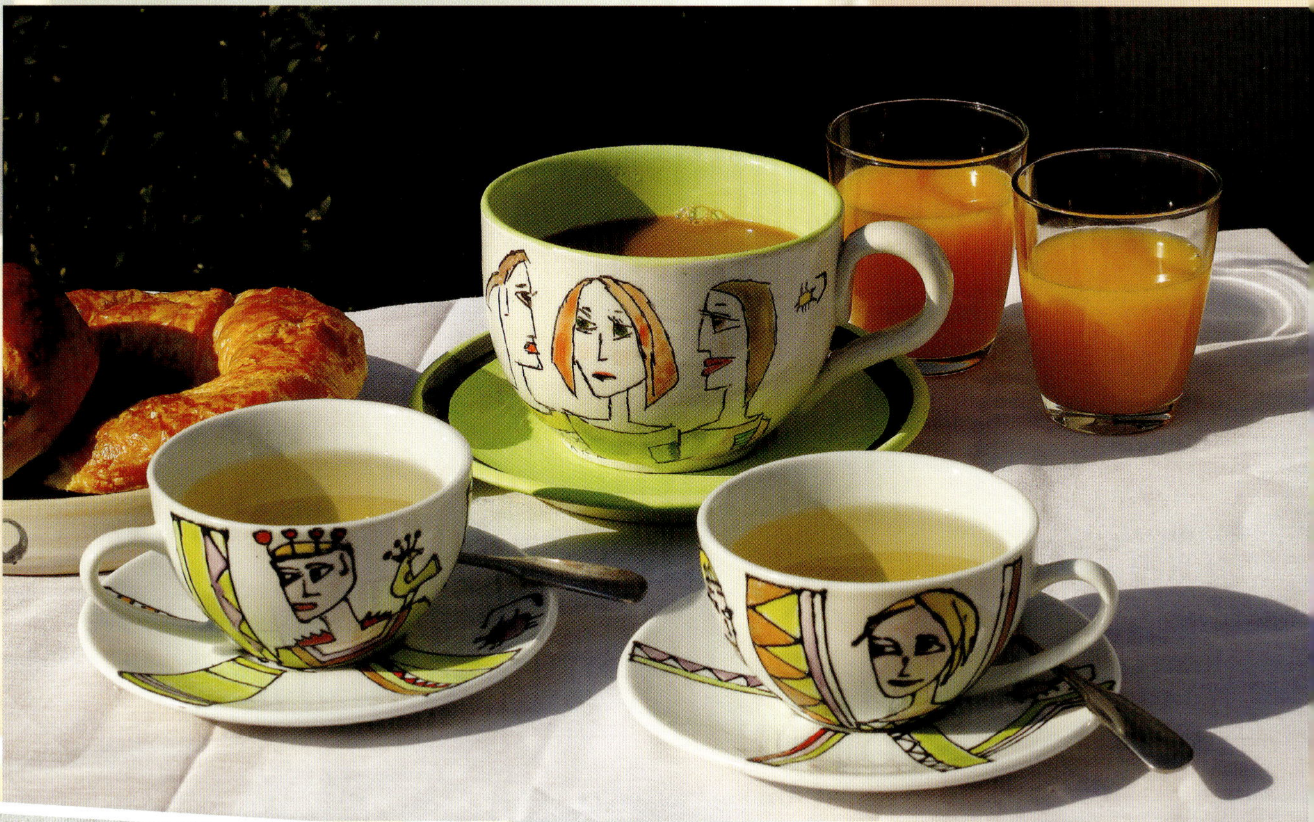

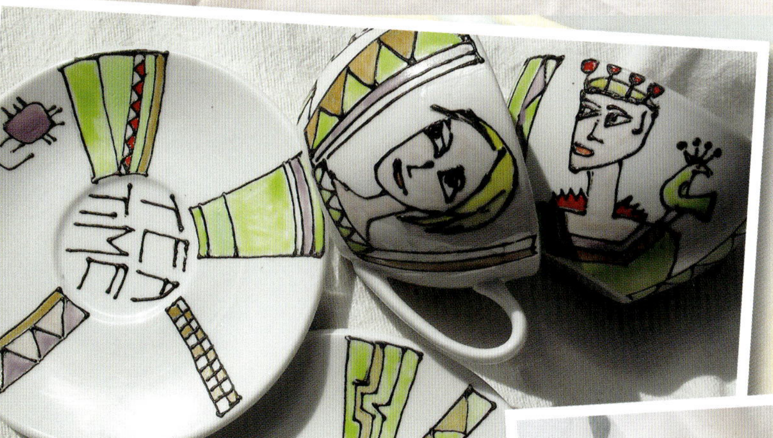

Frühstück im Grünen mit eigenen Werken: Fröhliche Motive für die gute Laune …

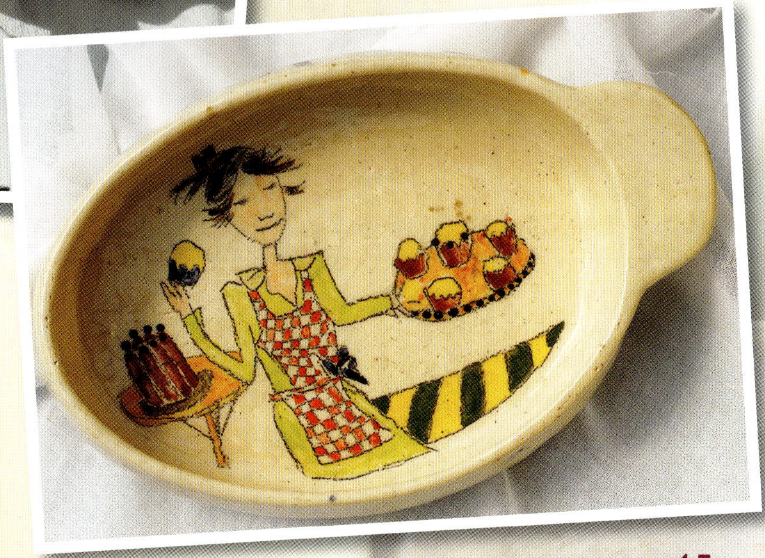

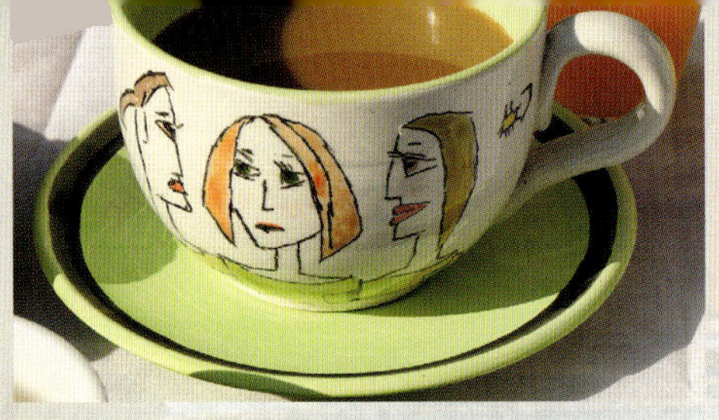

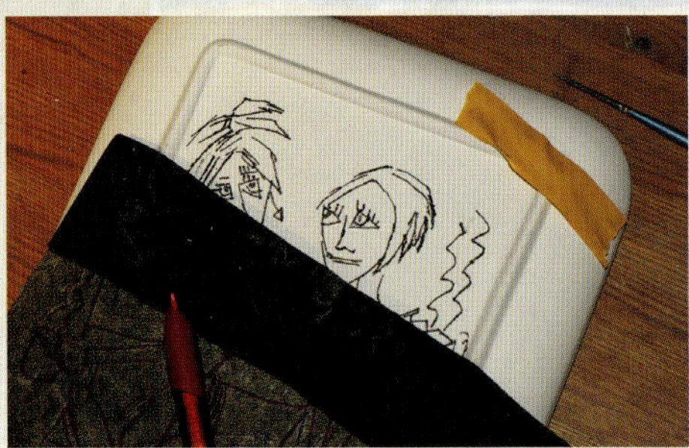

So wird's gemacht –
Jumbotasse mit Graffitomuster

- Motiv auf dünnem ***Papier*** skizzieren, fotokopieren oder direkt auf der Rückseite des ***Graffitopapiers*** andeuten.
- ***Tasse*** (***geschrühter Rohling***) innen mit hellgrüner ***Flüssigglasur*** zweimal glasieren. Trocknen lassen.
- Oberkante und Außenwand mit einem feuchten ***Schwamm*** sauber abwischen. Trocknen lassen.
- Graffitopapier mit der färbenden Seite nach unten mit ***Klebeband*** auf der Tasse befestigen.
- Entwurf in gewünschter Position darüber kleben. Beides mit der linken Hand zusätzlich gut festhalten.
- Skizze mit stumpfer ***Kugelschreibermine*** kräftig ziehend durchdrücken, ohne das Papier zu zerreißen. Die geschrühte Oberfläche nimmt die Farbe gut an und zeigt hauchdünne scharfe Linien. (Wenn man zu schwach drückt, erscheinen nur verschwommene Konturen. Am besten vorab auf der Tassenunterseite ausprobieren.)
- Farbbrösel vorsichtig abpusten.
- Für mehrfarbige Bilder zwischen den Linien ***Dekor- oder Unterglasurfarben*** mit dem ***Pinsel*** auftragen.
- Alle Farben trocknen lassen. Transparent überglasieren und brennen.
- ***Untertasse*** passend dazu hellgrün oder transparent glasieren.

Mitte: Keramisches Graffitopapier ist in mehreren Farben erhältlich und wird wie gewöhnliches Kohlepapier angewendet. Es kann mehrmals benutzt werden, bis die Pause zu schwach oder ungleichmäßig ausfällt. Die scharfen Linien erinnern an Tuschefederzeichnungen.

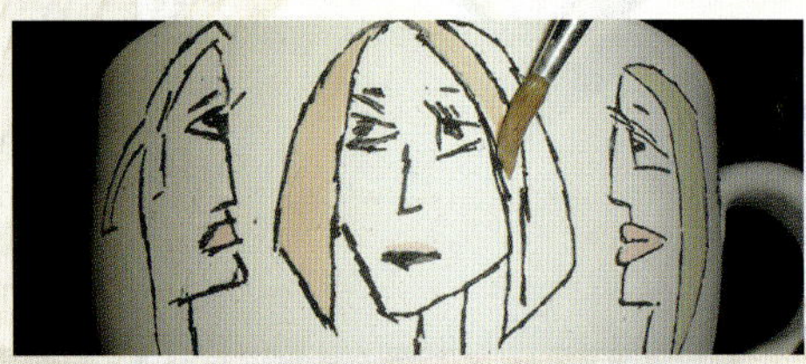

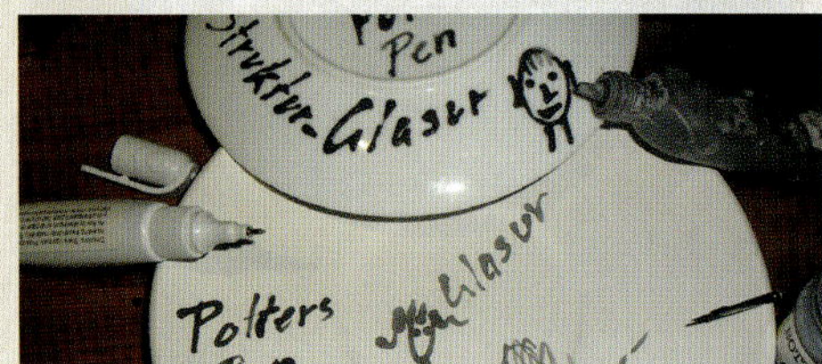

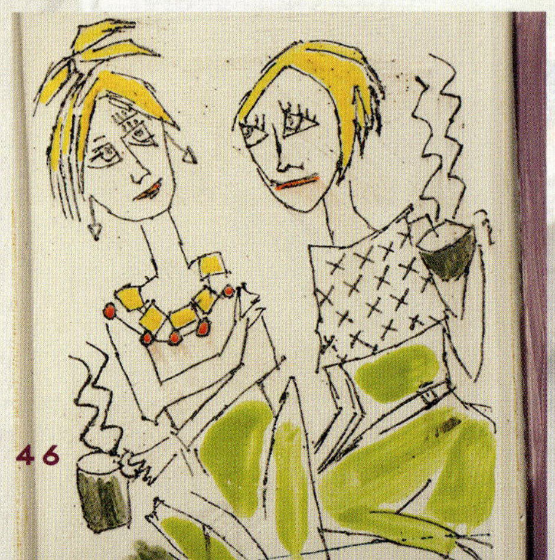

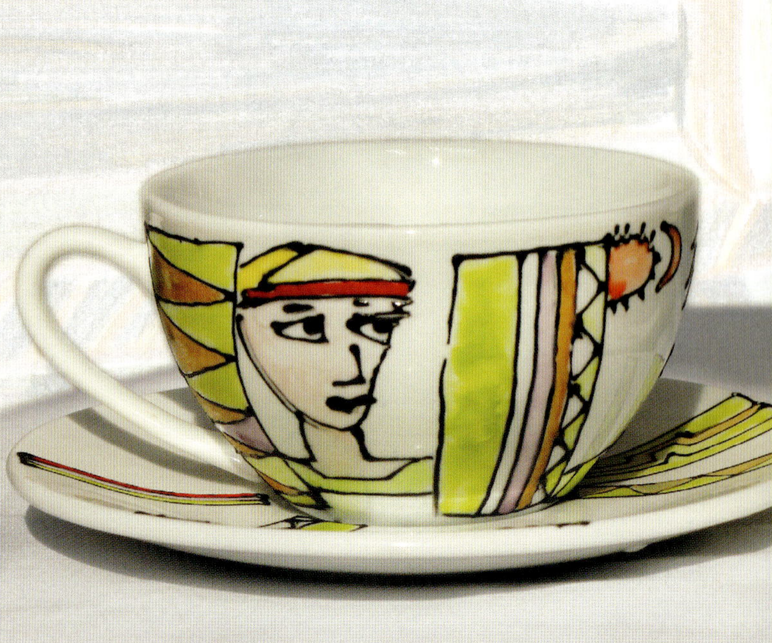

So wird's gemacht –
Porzellantassen

- *Glasierte Tasse* gründlich spülen und außen nicht mehr berühren.
- Muster grob mit *Markerstift* andeuten.
- Tasse zum Bemalen mit der linken Hand waagrecht gegen eine Tischkante fixieren.
- *Konturen* mit Strukturglasur nachziehen. Rechte Hand beim Malen etwas erhöht aufstützen und darauf achten, dass beim Drehen der Tasse die fertigen Muster nicht verschmieren.
- Konturen trocknen lassen. Flächen mit feinem *Pinsel* mit bunten *Flüssigglasuren* und/oder *Dekorfarben* ausfüllen.
- Kleine Fehler mit einem *Holzstäbchen* sauber wegkratzen.
- Alle Farben trocknen lassen und brennen (Brenntemperatur je nach Herstellerangaben um 1020-1060 °C).

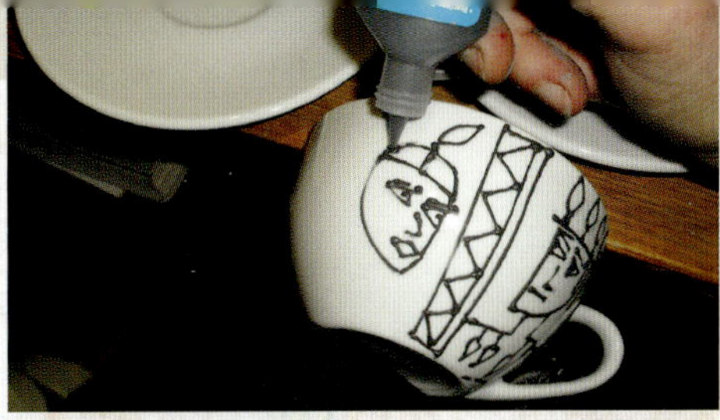

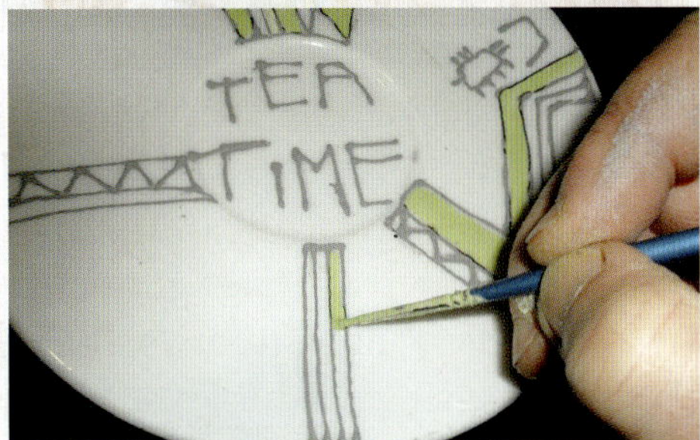

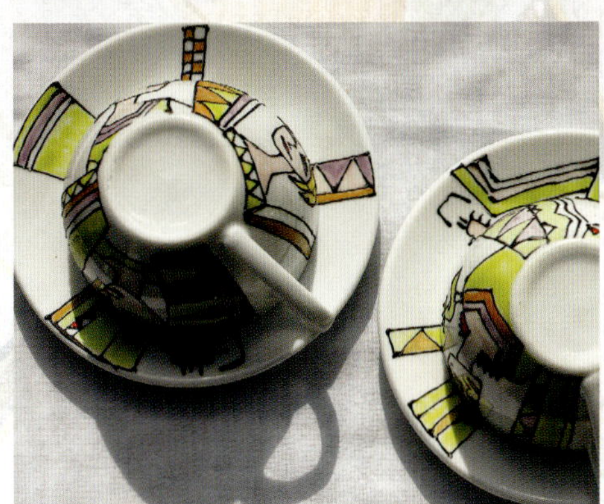

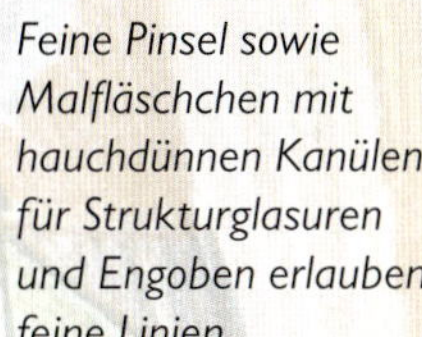
Feine Pinsel sowie Malfläschchen mit hauchdünnen Kanülen für Strukturglasuren und Engoben erlauben feine Linien.

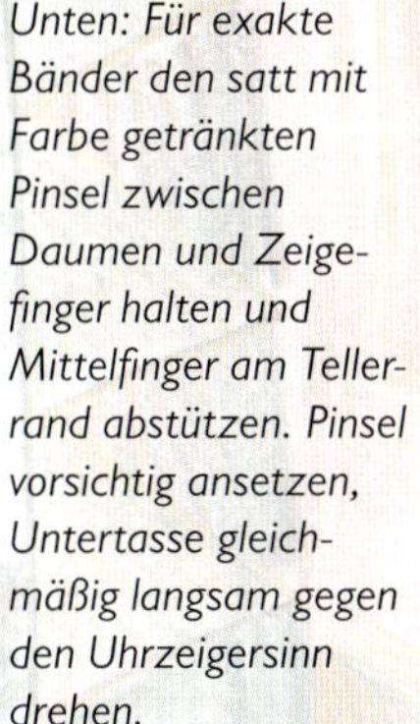
Unten: Für exakte Bänder den satt mit Farbe getränkten Pinsel zwischen Daumen und Zeigefinger halten und Mittelfinger am Tellerrand abstützen. Pinsel vorsichtig ansetzen, Untertasse gleichmäßig langsam gegen den Uhrzeigersinn drehen.

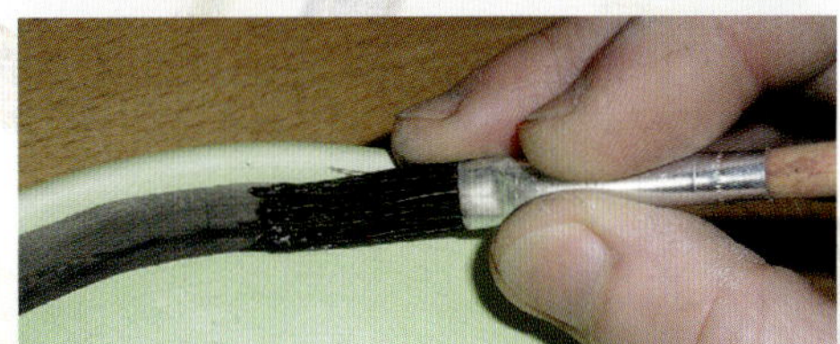

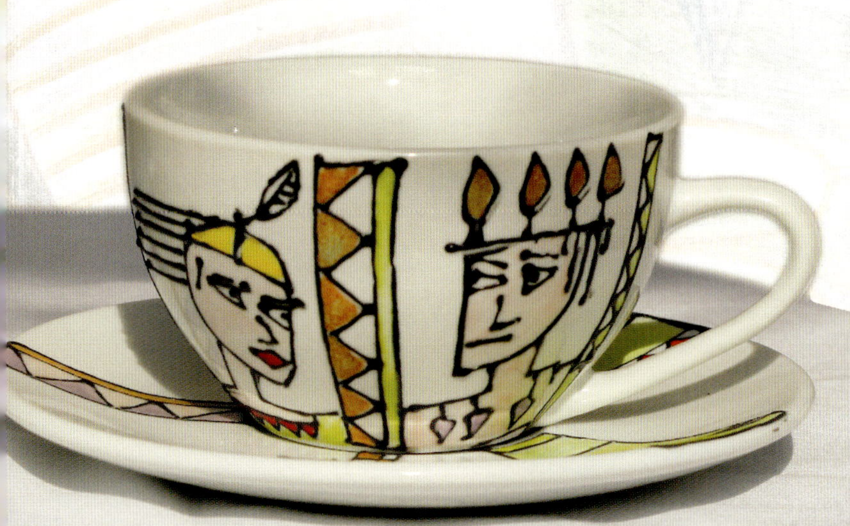

PROJEKT 9

WELTKULTUREN: ETHNOMOTIVE

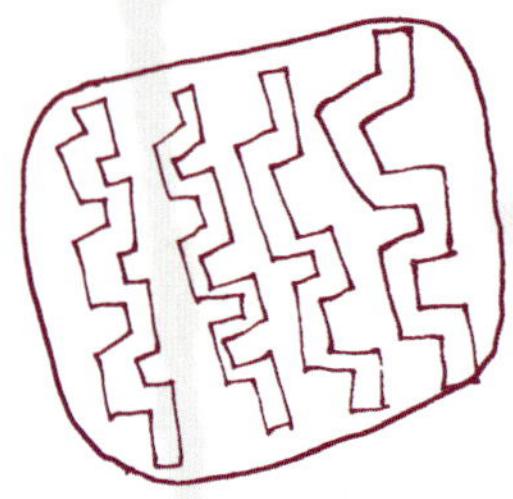

Geheime Sehnsüchte nach Ursprünglichkeit durchziehen die moderne Weltkultur. Laufend begegnen wir Stoffmustern, Deko- und Gebrauchsgegenständen mit exotischen Anklängen von Afrika, Indien und Südamerika bis zu australischen Aborigines. Deutliche, stilisierte Symbole, Erdfarben und starke Farbkontraste sprechen uns unmittelbar an. Die Vorbilder werden hier auf keramischen Oberflächen neu interpretiert, verfremdet und umarrangiert. Neben den gezeigten Verfahren können Sie ähnliche Motive selbstverständlich auch mit Dekorfarben und Glasuren aufmalen.

Gewürzfläschchen: Engobemuster werden mit dem Pinsel auf die lederharte Fläche aufgetragen, an den Kanten mit dem Töpfermesser exakt begradigt, geschrüht und unglasiert bei 1020-1060 °C nochmals gebrannt.

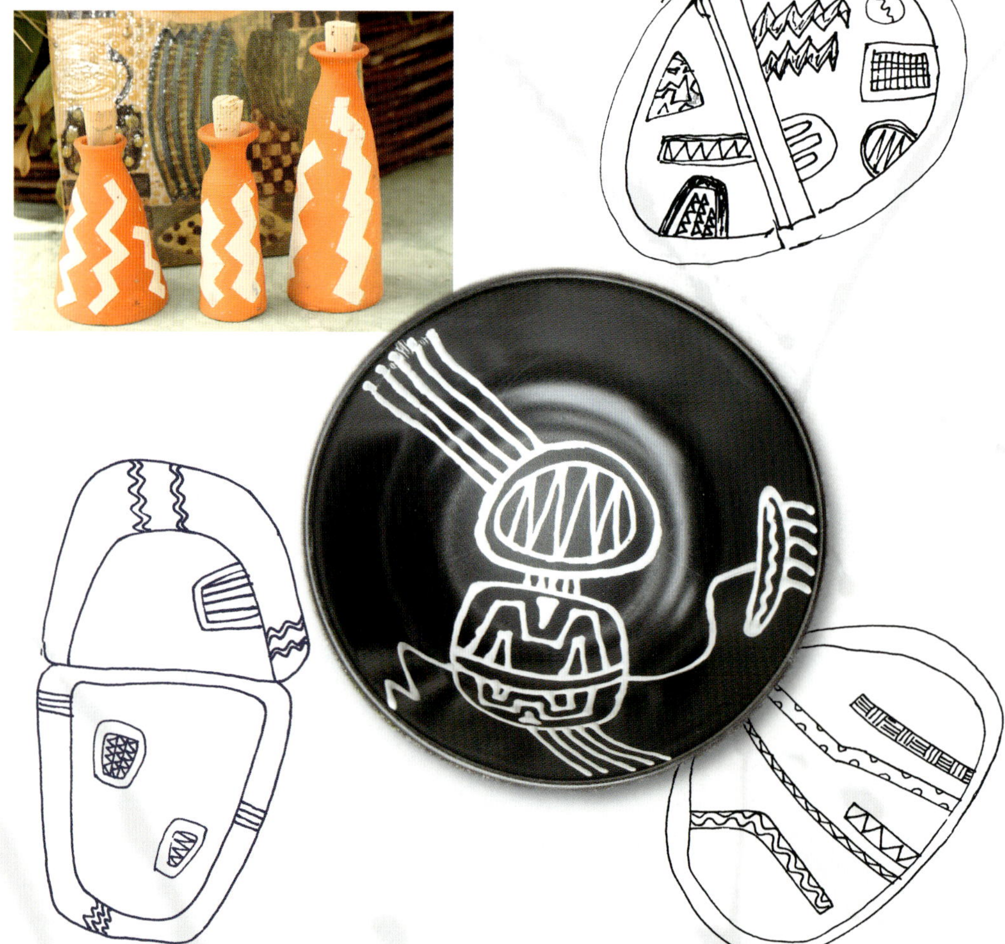

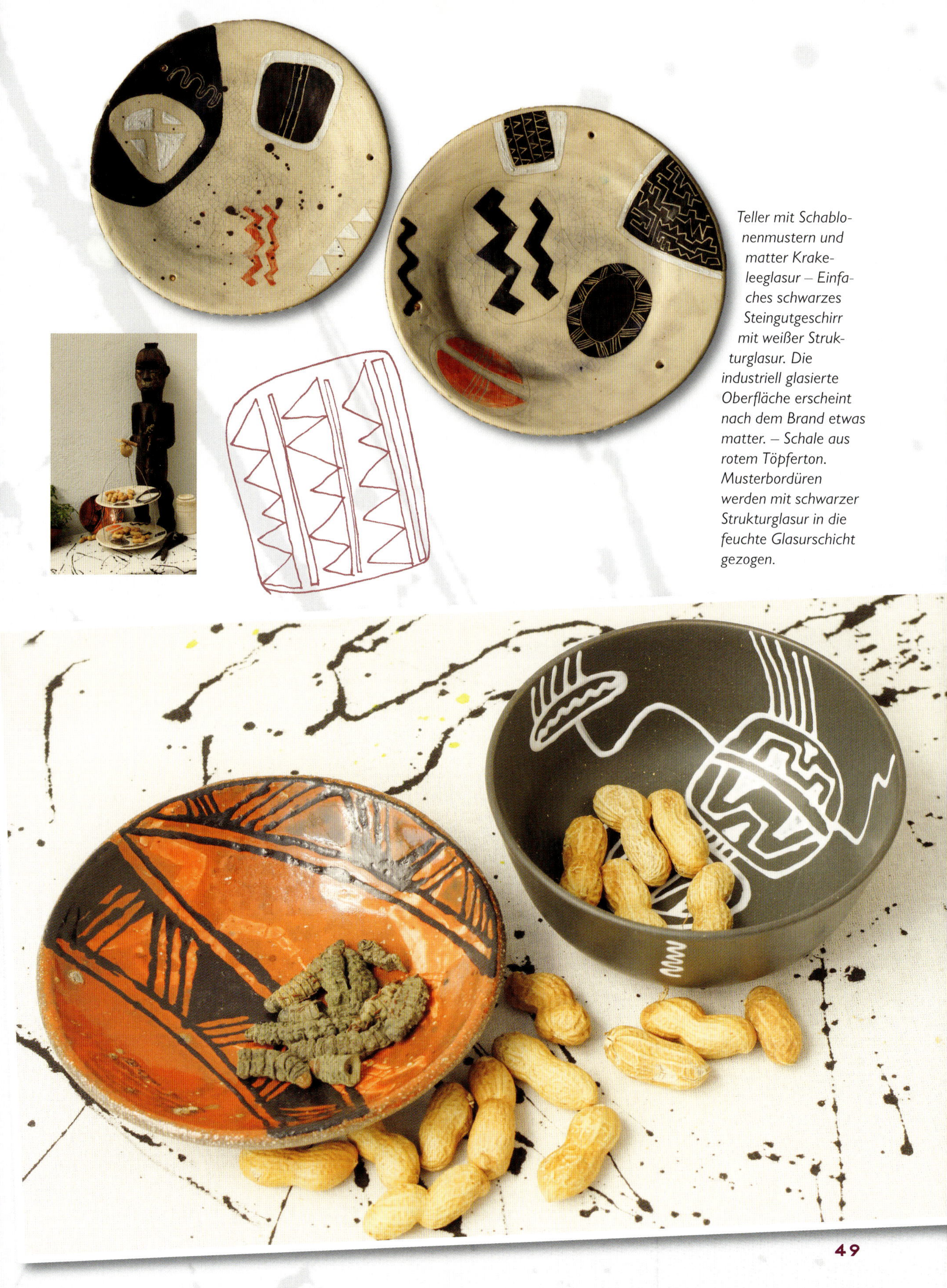

Teller mit Schablonenmustern und matter Krakeleeglasur – Einfaches schwarzes Steingutgeschirr mit weißer Strukturglasur. Die industriell glasierte Oberfläche erscheint nach dem Brand etwas matter. – Schale aus rotem Töpferton. Musterbordüren werden mit schwarzer Strukturglasur in die feuchte Glasurschicht gezogen.

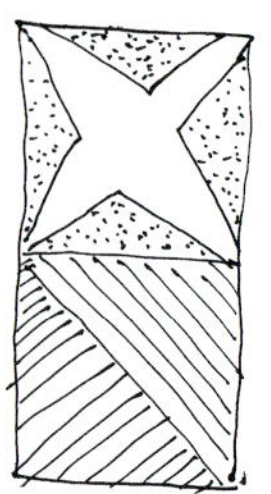 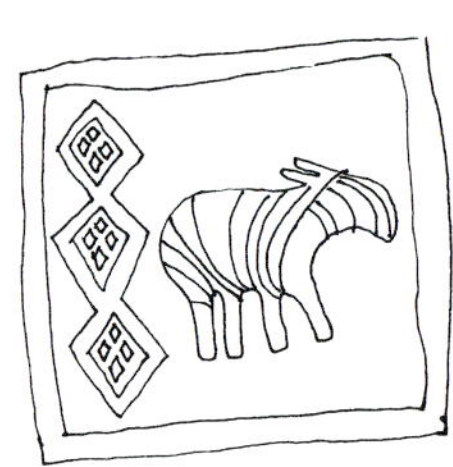 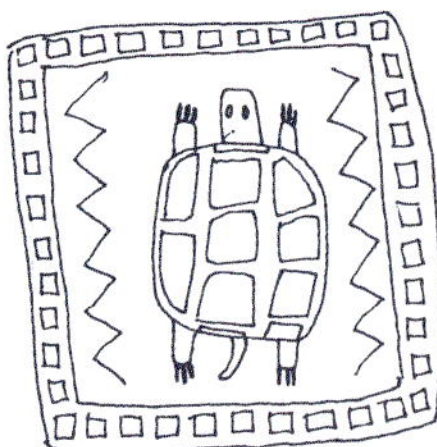 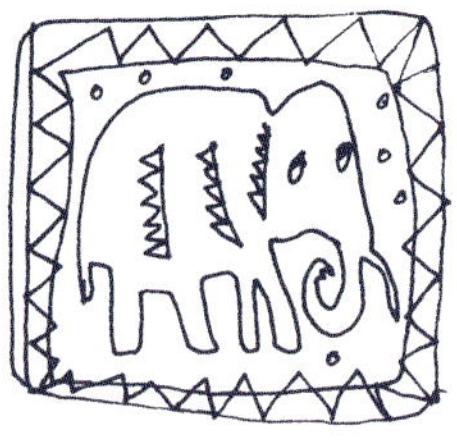 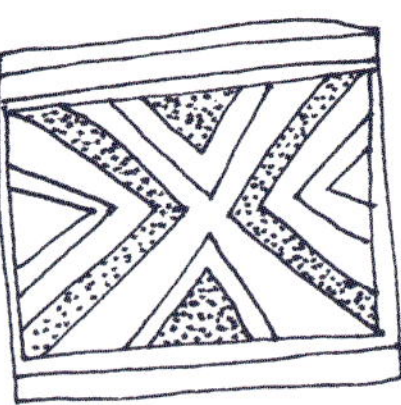 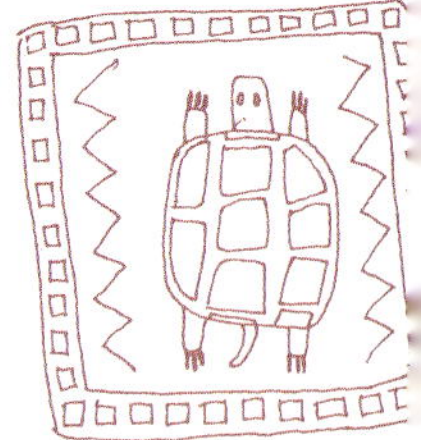

So wird's gemacht – **Teller**

- Zwei leicht unterschiedlich große flache ***Essteller*** vorbereiten. Durchmesser 20-35 cm. Oberfläche mit etwas ***Speiseöl*** einschmieren, damit der trocknende Ton sich später leicht löst.
- Leicht schamottierten hellen ***Töpferton*** auf einem glatten ***Leintuch*** zu einer 4-5 mm dicken gleichmäßigen Platte ausrollen. Mit dem ***Töpfermesser*** eine runde Scheibe in Größe des Tellers ausschneiden. Nochmals rollen.
- Teller mit Oberseite nach unten auf die Tonscheibe legen, beides samt Tuch wenden. Platte vorsichtig auf den Teller drücken.
- Tuch abziehen. Tonoberfläche mit einem feuchten ***Schwamm*** glätten, bis die Scheibe überall fest anliegt.
- Rand mit senkrecht gehaltenem Messer gerade nachschneiden. Oberkante ebenfalls mit dem Schwamm abrunden.
- Den lederharten Rohling abwechslungsreich mit ***Engoben*** bemalen oder schablonieren. Siehe rechts.
- Unter ***Plastikfolie*** ruhen lassen, bis der Teller sich von selbst löst.
- Mit einem ***Holzstab*** 1 cm vom Rand entfernt drei Löcher für das Drahtgestell in die lederharte Tonplatte bohren.
- Unteren Tellerrand ebenfalls abrunden.
- Ränder der Engobemuster mit dem Messer exakt gerade schaben und zusätzliche Muster in die Engobeflächen kratzen.
- Teller kopfüber liegend langsam unter Plastikfolie trocknen lassen. So verzieht er sich nicht so leicht. Auch der Tellerboden sollte glatt und sauber sein.
- Brennen und farblos glasieren.

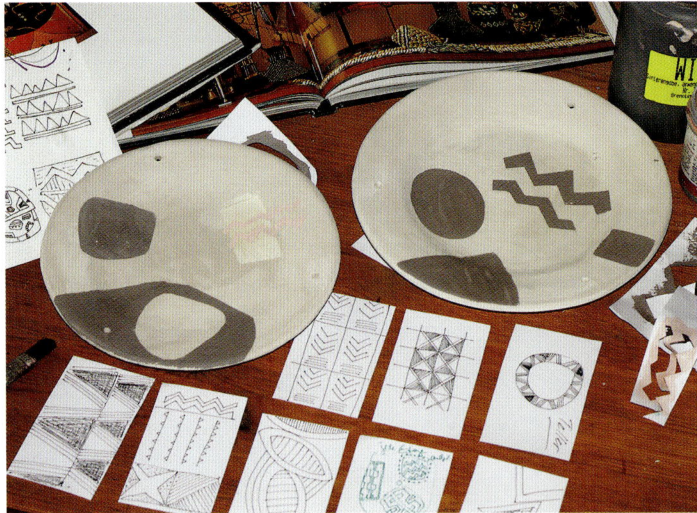

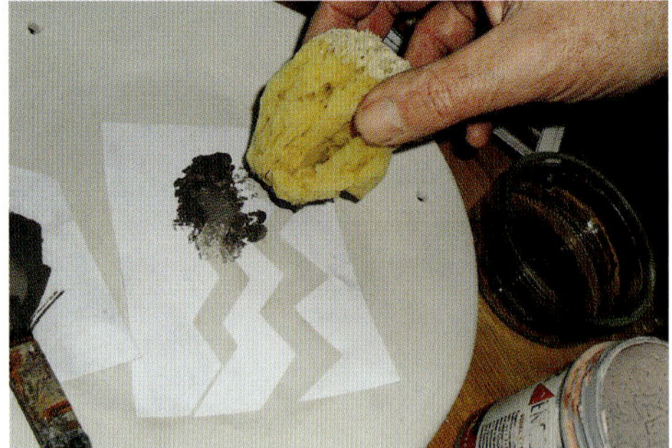

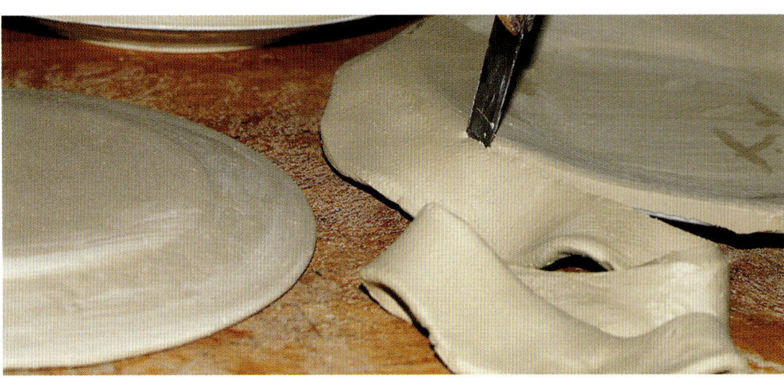

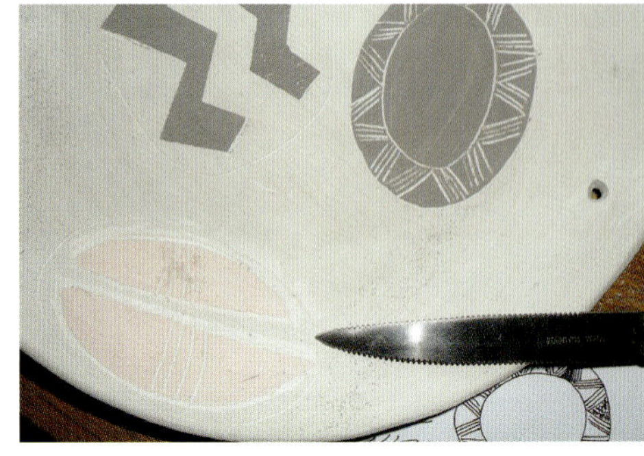

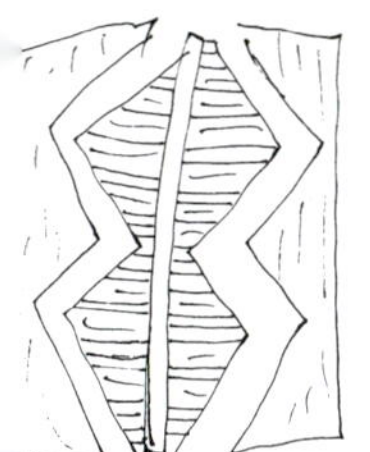
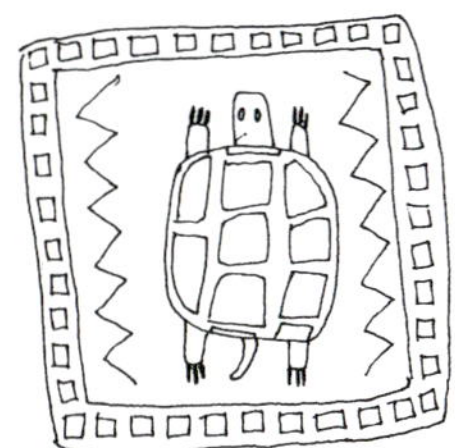
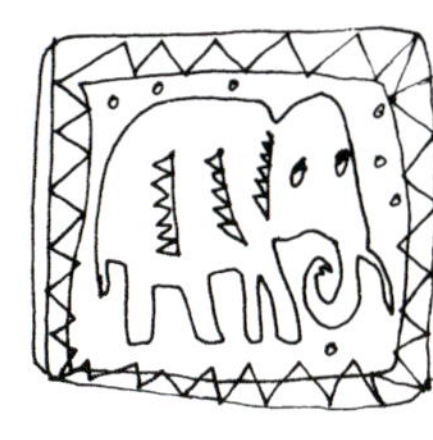
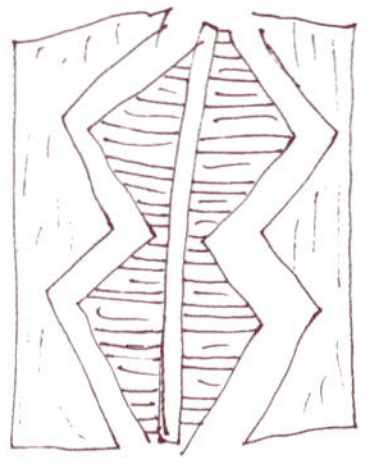
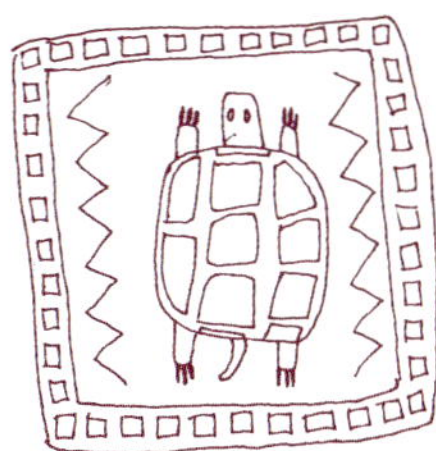
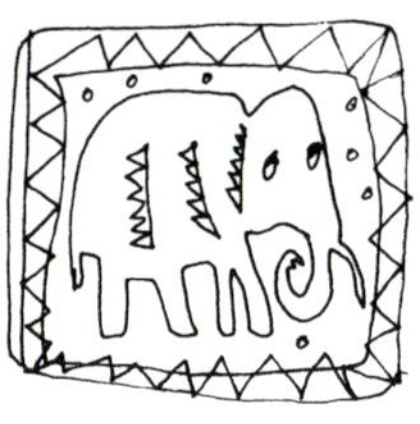

So wird's gemacht – **Etagere**

- Aus ca. 2 mm starkem ***Eisen-*** oder ***Kupferdraht*** (passend für Löcher) drei je etwa 50 cm lange Streben scheiden. Oben verdrillen und eine große ***Holz- oder Tonperle*** als Griff befestigen.
- Drahtenden vorsichtig durch Löcher der Teller ziehen. Unterhalb des Tellers jeweils mit einer ***Klemme*** fixieren (z.B. ***Dosenlüsterklemmen*** aus der Elektro-Bastelkiste). Nachjustieren, bis beide Teller ganz waagrecht hängen.
- Drahtstreben in Form biegen. Unteres Drahtende jeweils zu einer kleinen Schlinge nach außen drehen.
- (Alternativ: Statt Eigenkonstruktionen können Sie die passed geformten Teller in fertig gekaufte Etagerengestelle einhängen.)

So wird's gemacht – **Papierschablonen**

- Einfache Motive aus ***Zeitungspapier*** als „positive" Ornamente oder „negative" Fenster schneiden.
- Diese Schablonen auf den fast lederharten Ton legen und feststreichen. Mit ***Schwamm*** oder ***Pinsel*** eine gleichmäßige ***Engobeschicht*** innerhalb oder außerhalb des Papiers auftupfen. (Noch exakter werden Ornamente, wenn Sie dünnflüssigen Engobeschlicker mit Farbkörpern intensiver tönen.)
- Kurz antrocknen lassen, bis die Oberfläche nicht mehr glänzt. Papier an einer Ecke mit der ***Töpfernadel*** anheben und vorsichtig abziehen. Die Ränder bleiben gestochen scharf. Für noch stärkere optische Wirkung die Konturen zusätzlich rundum mit der Nadel nachziehen.

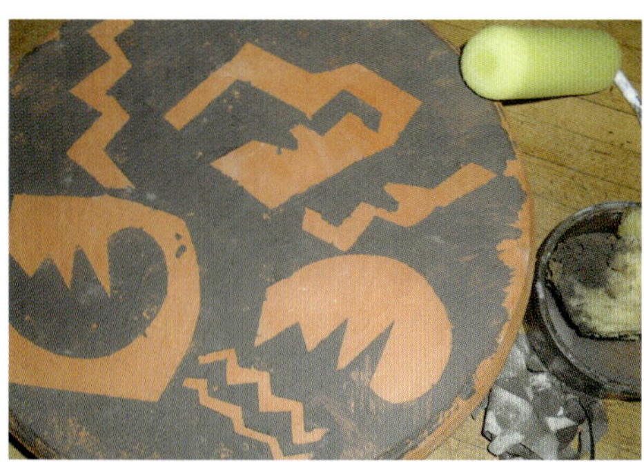
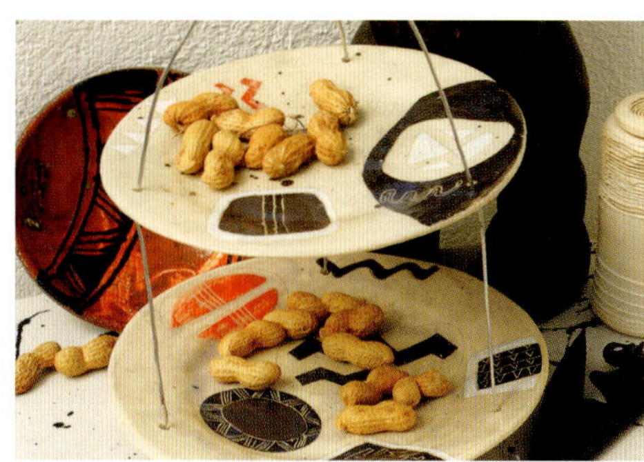
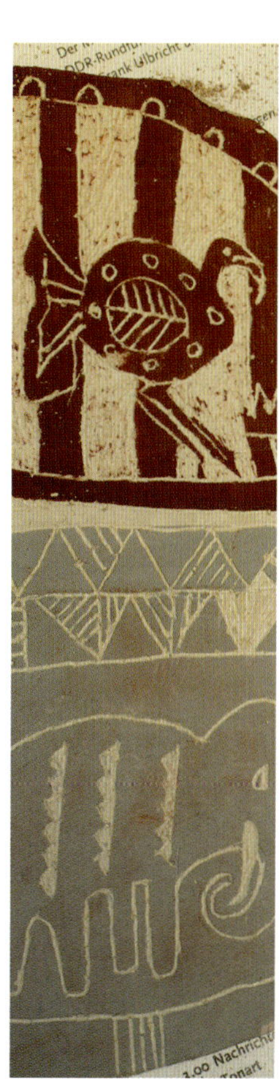
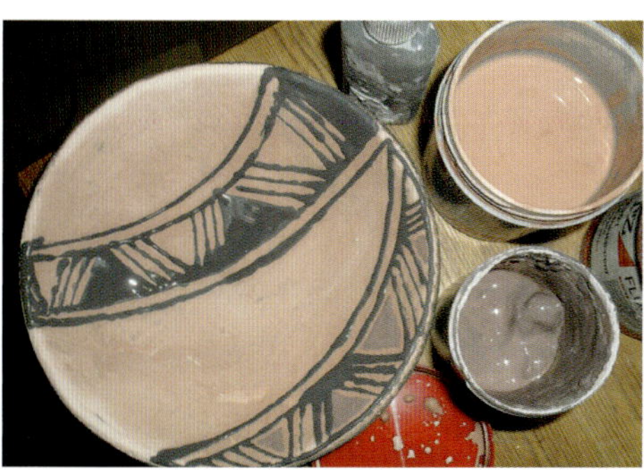
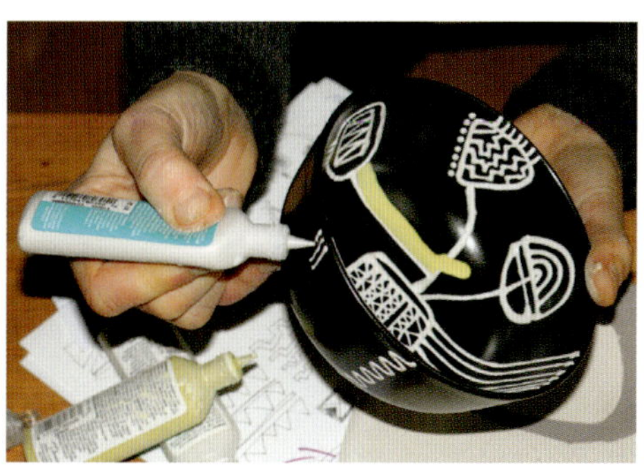

PROJEKT 10

Landhausstil: Stempel selber schneiden

Feine Linien und kleine exakte Ornamente in vielfacher Wiederholung sind auf keramischen Oberflächen eine gewisse Herausforderung. Mit simplen Gummistempeln ist die ungewohnte Optik leicht zu verwirklichen. Die Motive können Sie nach eigenen Entwürfen problemlos selber schneiden.

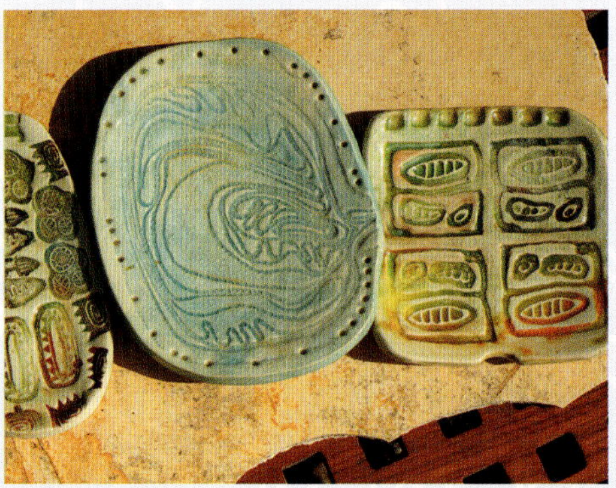

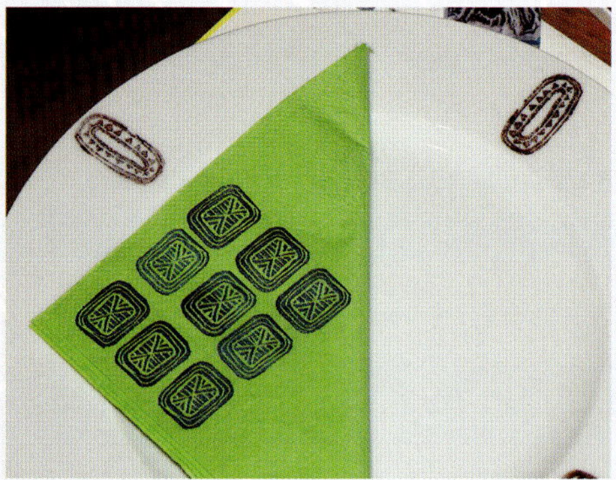

Einsatzbereiche

- Keramische Stempelkissen sind in mehreren Grundfarben erhältlich. Gummistempel eignen sich für geschrühte glatte Rohlinge, aber nicht für ungebrannte Rohware. Der Abdruck bleibt pur oder wird nach dem Trocknen direkt überglasiert.
- Bedingt funktionieren Gummistempel auch auf gebrannten Glasuren und sogar Prozellan: Sehr vorsichtig aufpressen und dabei nicht verrutschen. Nochmals bei 1020-1060 °C aufbrennen.
- Alternativ zu Stempelkissen kann der Stempel mit dem Pinsel vorsichtig mit Dekorfarbe/Unidekor ein- oder mehrfarbig eingestrichen werden, ohne die Vertiefungen zuzusetzen. Damit erweitert sich das Farbenspektrum erheblich.
- Die selbst geschnittenen Stempel sind außerdem praktisch zum Strukturieren roher Tonteile. Einfach in die weiche, nicht mehr klebende Fläche pressen.
- Und schließlich werden auch gleich die zum Geschirr passenden Papierservietten bedruckt. Ungiftige Papierstempelkissen sind in mehreren Farben in Hobbyläden erhältlich.

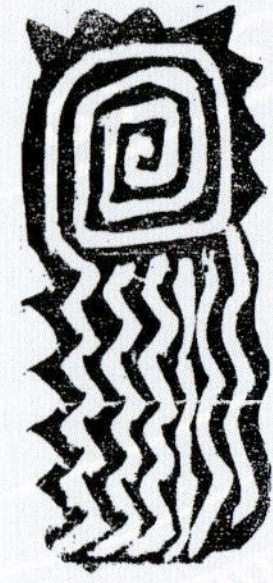

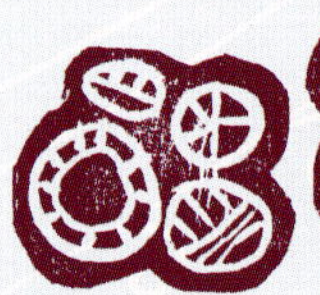

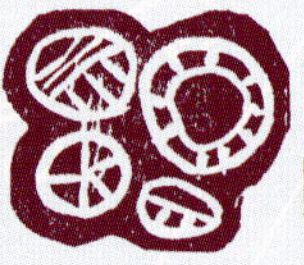

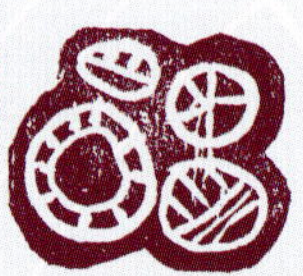

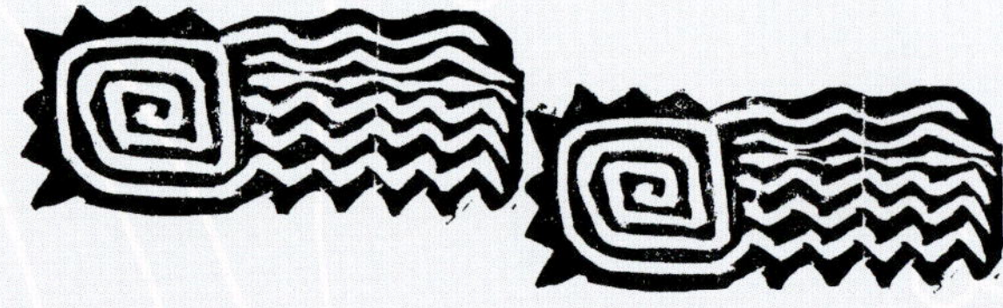

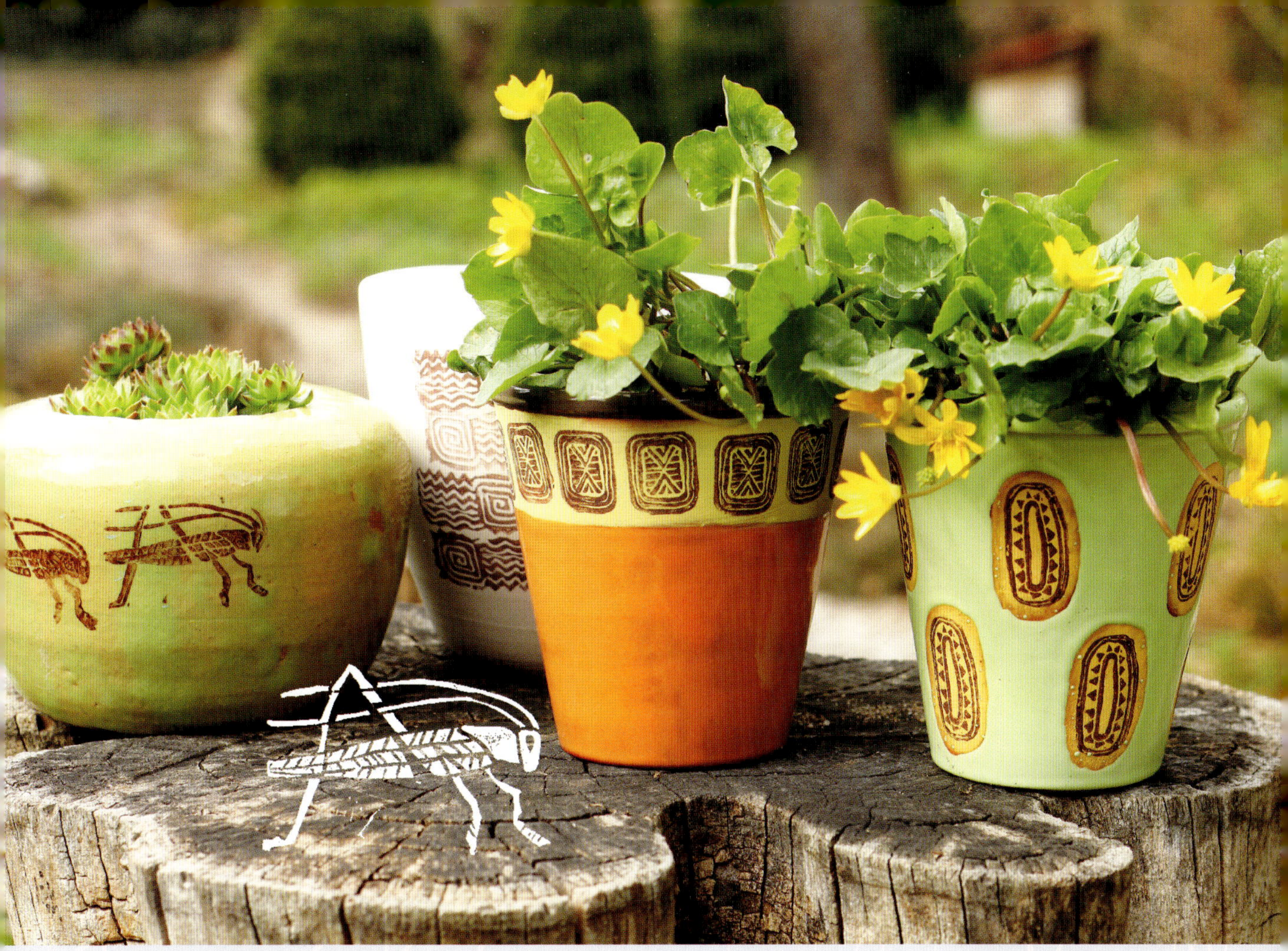

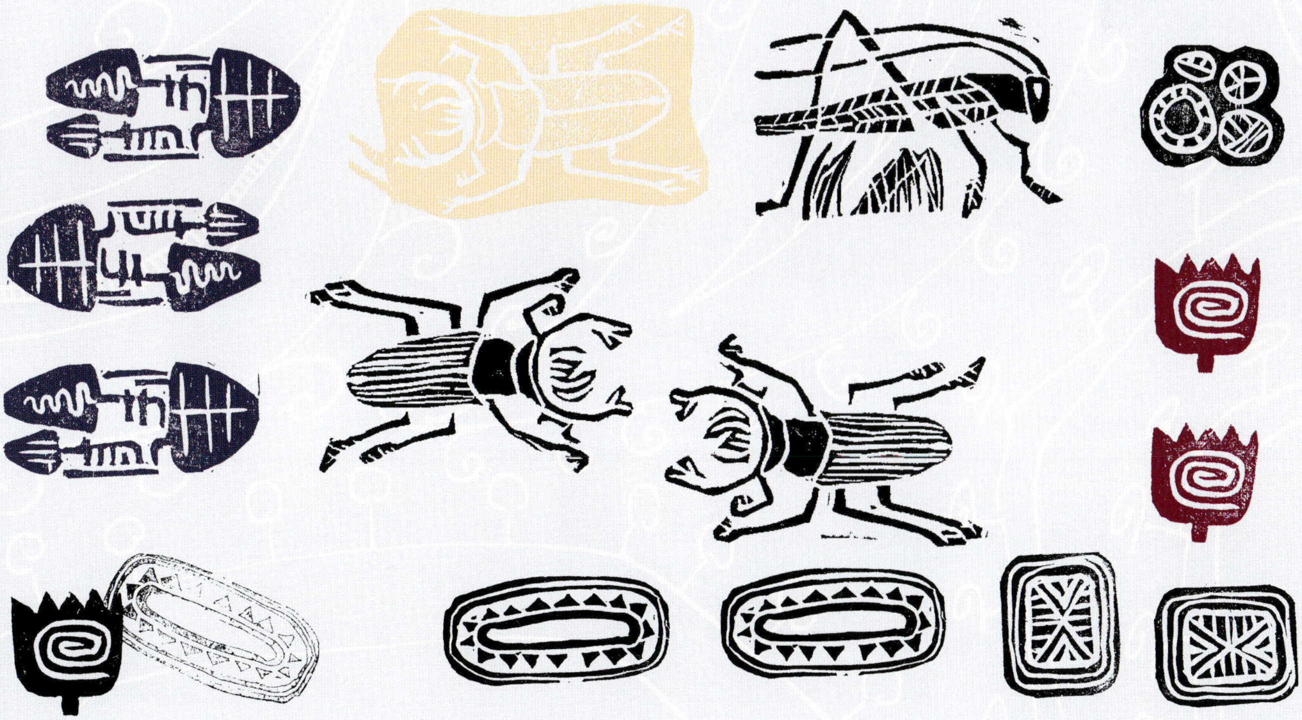

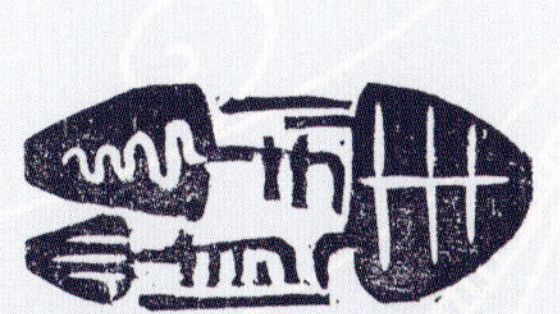

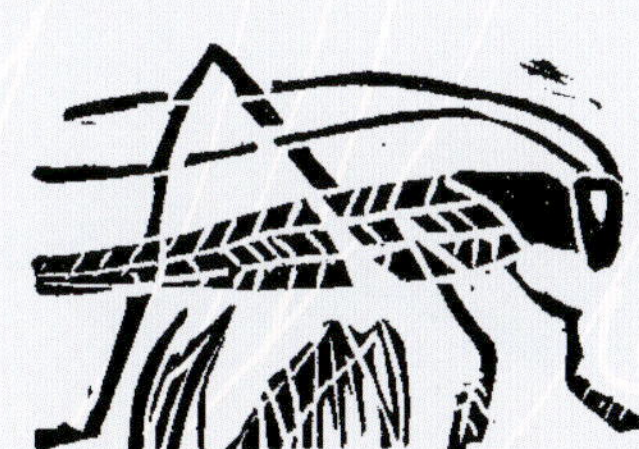
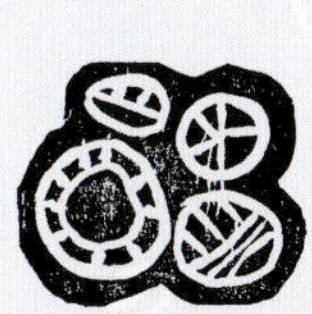

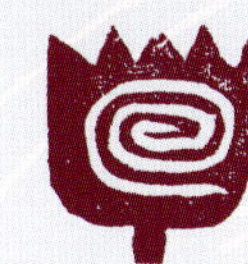
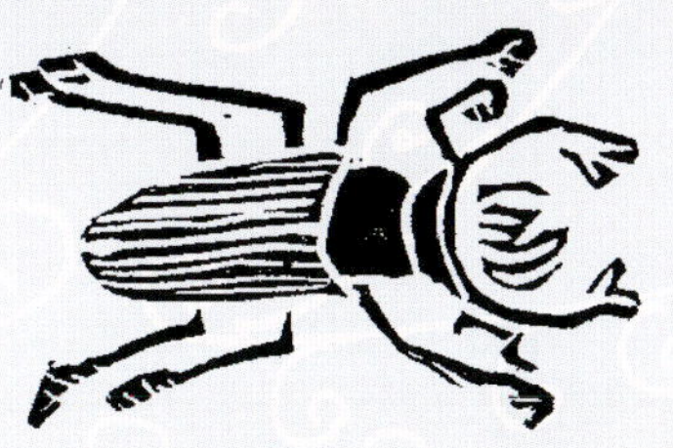
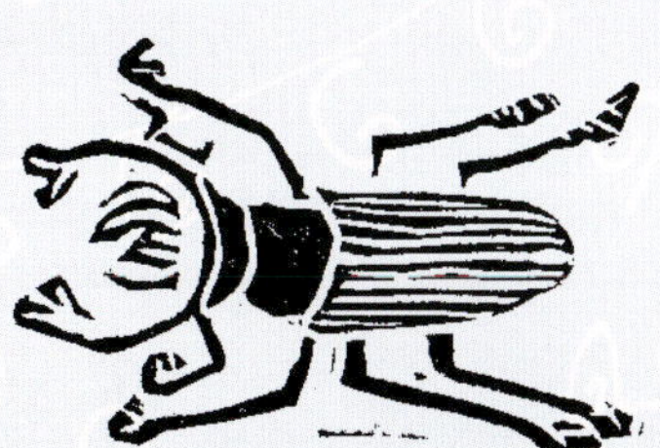
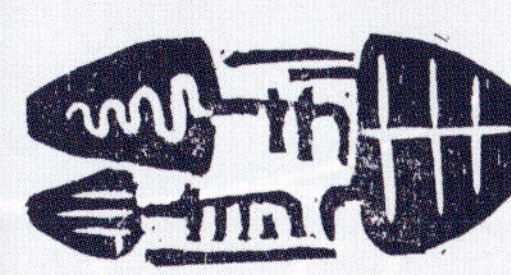

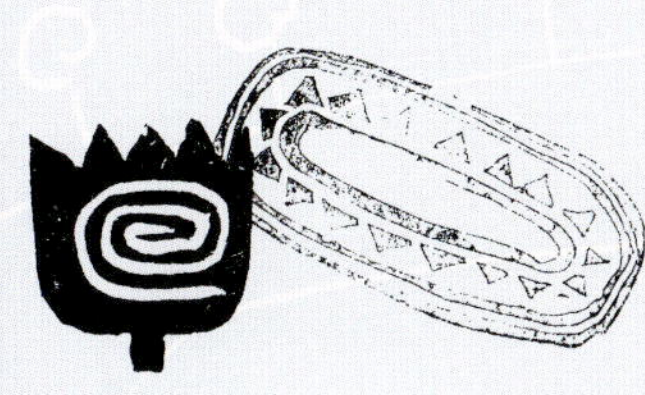
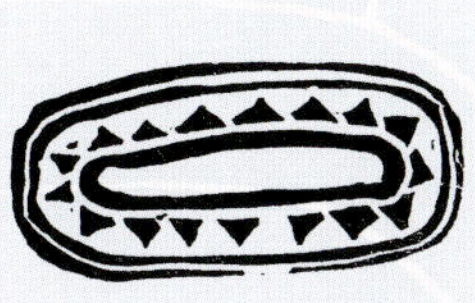
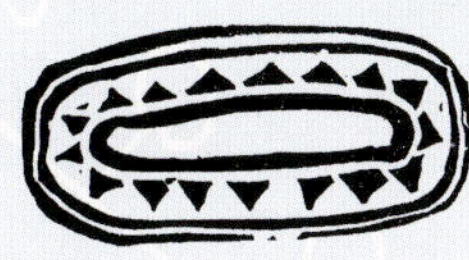
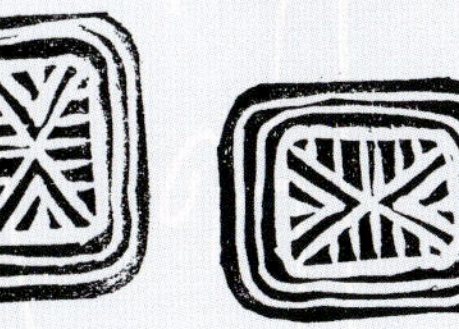

So wird's gemacht – **Radiergummistempel**

- Unbenutzte glatte ***Radiergummis*** mit fester Konsistenz eignen sich am besten. Ornament mit ***Markerstift*** seitenverkehrt skizzieren. „Positive" Variante: Rand wegschneiden, das Ornament erscheint im Druck farbig. „Negativ": Ornament ausschneiden. Es zeigt sich dann im Druck als leere Fläche vor farbigem Hintergrund.
- Radiergummi fest auf die Unterlage halten. Mit einem ***Linolschneidemesser*** (V-Profil) oder ***Cutter*** die Linien nachfahren und ausheben. Auf diese Art sind sehr feine Musterungen möglich.
- Zwischendurch Brösel entfernen und immer wieder Probeabdrucke machen, bis das Ornament perfekt gelungen ist.

Stempelvarianten

- Ornamente mit Cutter/Schere aus 3 mm starken Moosgummiplatten schneiden und auf einen passenden Holzklotz kleben.
- Komplizierte Motive mit Lasercutter aus Kunststoffmatten schneiden.
- Selbstverständlich können Sie auch fertig gekaufte Stempel und strukturierte Gummimatten (Keramikfachhandel) verwenden; ebenso gewöhnliche Bürostempel, z.B. für Druckschrift und Symbole.

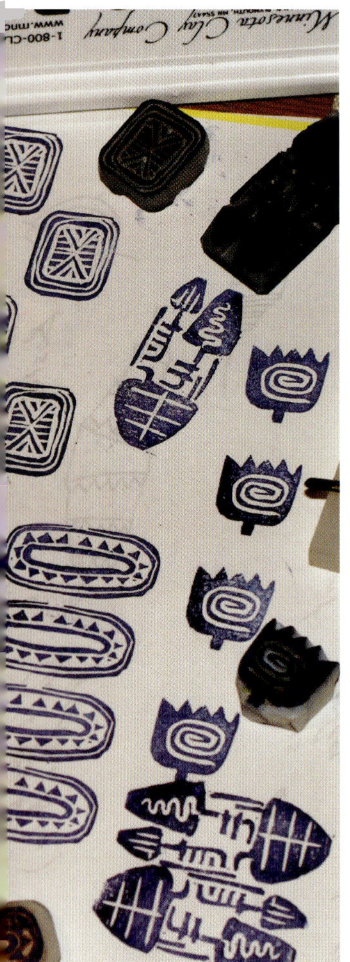

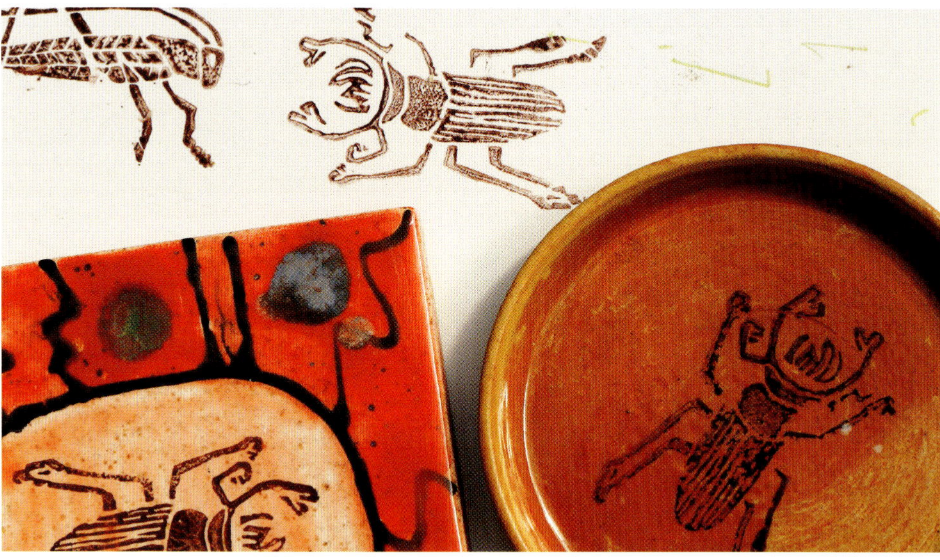

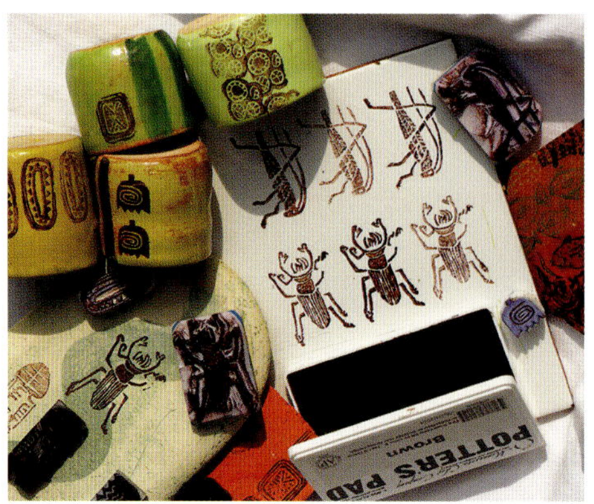

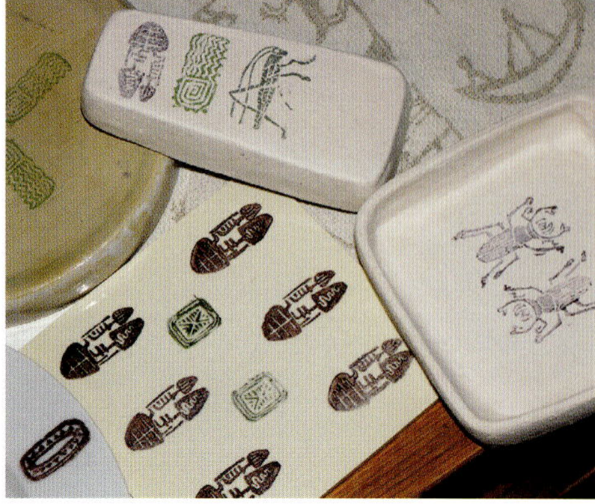

So wird's gemacht – **Blumentopf**

- Einen hellen, nicht imprägnierten ***Terrakottatopf*** (Gartenmarkt) auswählen.
- Anordnung der Stempelmuster mit ***Bleistift*** markieren.
- Topf innen mit ***Pulver- oder Flüssigglasur*** glasieren und Rand gut sauber wischen. Trocknen lassen.
- ***Stempel*** auf dem ***Stempelkissen*** vorsichtig hin und her rutschen, bis alle erhabenen Stellen deutlich farbig sind. Die Vertiefungen sollten sich nicht zusetzen. Am besten einen Probedruck auf ***Papier*** machen.
- Stempel an den vorgesehenen Stellen auf die Topfwand pressen, so dass er sich komplett abdrückt. Gut trocknen lassen.
- Muster vorsichtig mit ***Aussparwachs*** (flüssige Wachsemulsion) überstreichen und diese ebenfalls trocknen lassen.
- Rund um die Fenster farbig glasieren. Die ausgesparten Musterfenster mit den Stempeln bleiben frei.
- Topfunterseite feucht abwischen. Brennen.

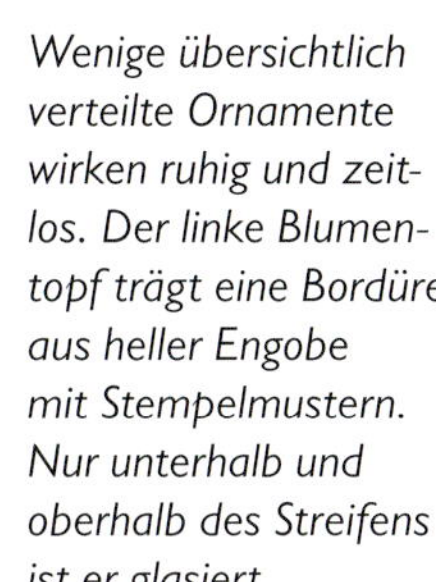

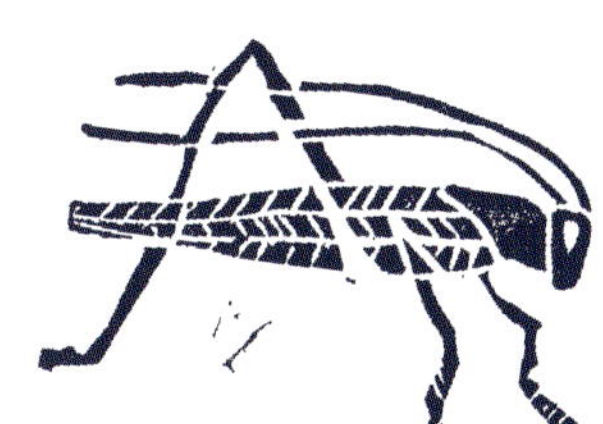

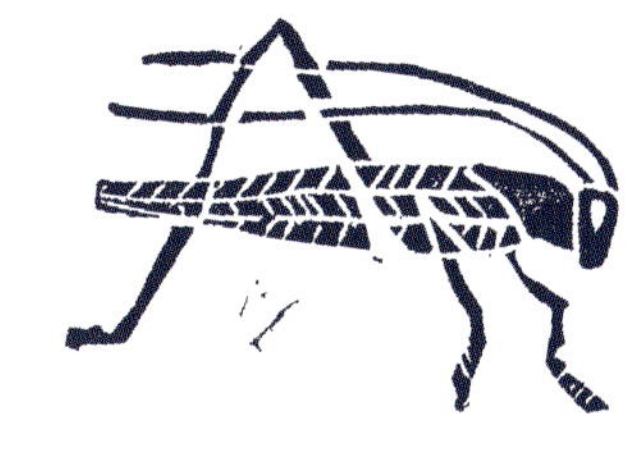

Wenige übersichtlich verteilte Ornamente wirken ruhig und zeitlos. Der linke Blumentopf trägt eine Bordüre aus heller Engobe mit Stempelmustern. Nur unterhalb und oberhalb des Streifens ist er glasiert.

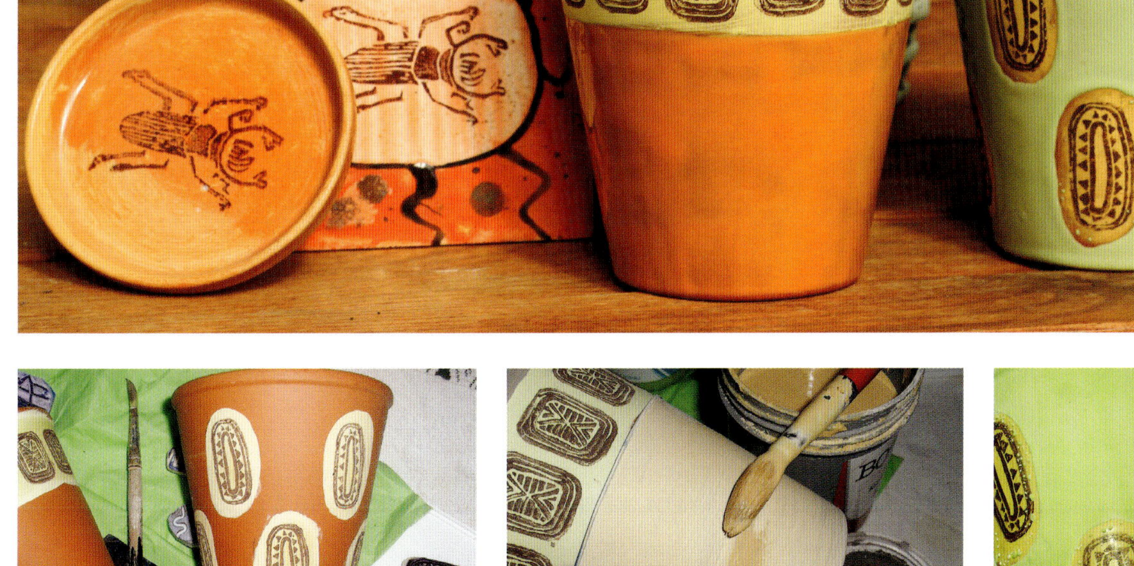

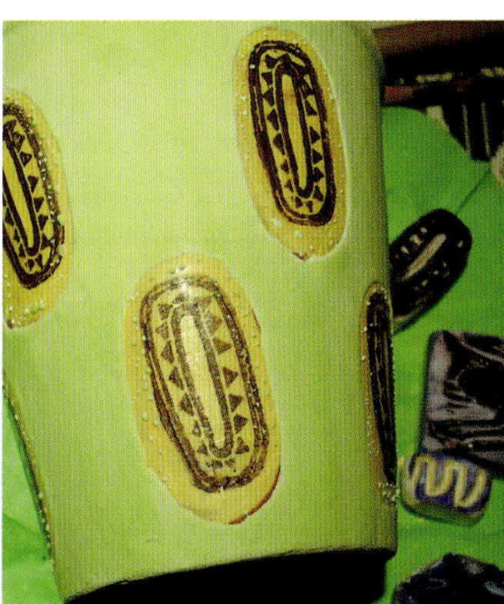

PROJEKT 11

Namen und Gedanken: Schriftgestaltung

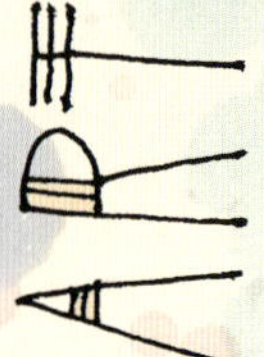

Beschriftung gibt Werkstücken eine zusätzliche Dimension. Keramikplatten eignen sich gut für Namensschilder, Haustürsprüche, Hinweistafeln. Figürliche und abstrakte Dekore wirken noch spannender, wenn Initialen, Sprichwörter oder sonstige sinnreiche Botschaften eingebaut werden. Mit speziellen Malfläschchen ist sogar Schreibschrift ziemlich flüssig aufzutragen.

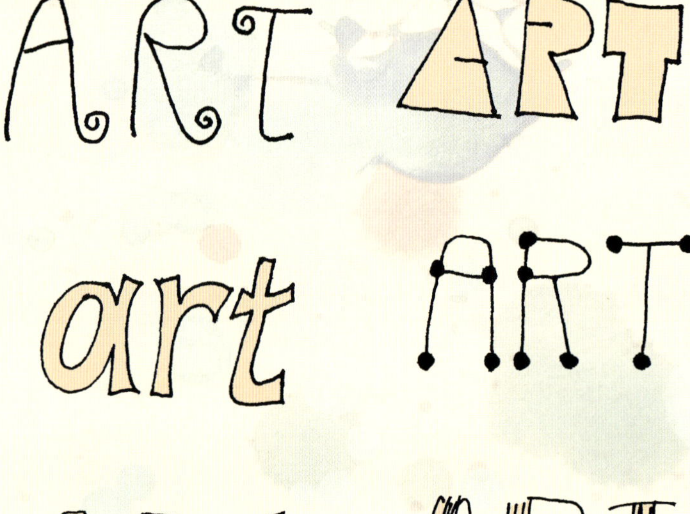

Schrifttypen, Ausführung, Varianten

- Standardschriften (Muster siehe z.B. im Textverarbeitungsprogramm) abwandeln: Linien dicker, dünner, mehrfarbig, schräg, breiter, höher, verzerrt
- Kalligrafie mit feinen Malstiften und Graffitopapier
- Feine Schreibschrift in lederharte engobierte Flächen ritzen
- Kräftige, eckige Großbuchstaben mit Flachpinsel aufmalen und Innenflächen zusätzlich mustern
- Flüssiges Schriftbild mit Engobe/Strukturglasuren (Malfläschchen mit feiner Kanüle)
- Künstlerisches Schriftdesign: z.B. Tupfen oder Schnörkel in und an die Buchstabengerüste anbauen
- Schrühware mit Gummistempeln und Stempelkissen bedrucken
- Dekorative Elemente aus exotischen Schriften übernehmen

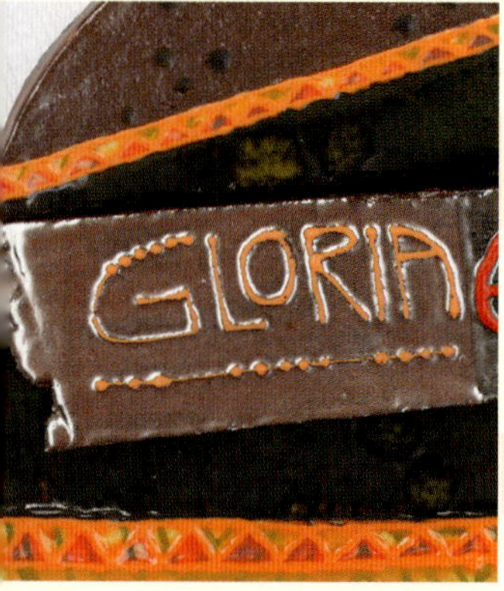

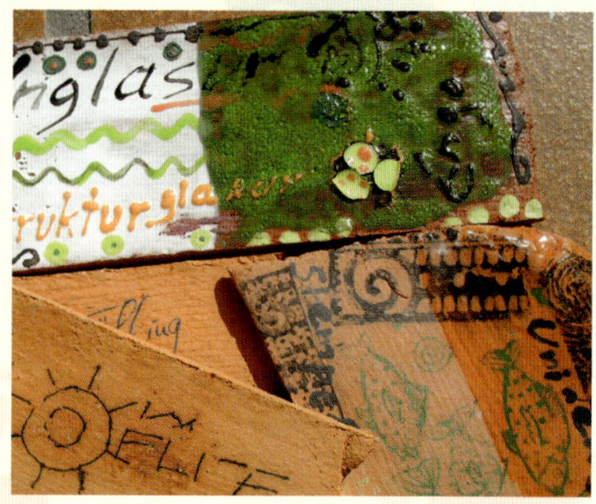

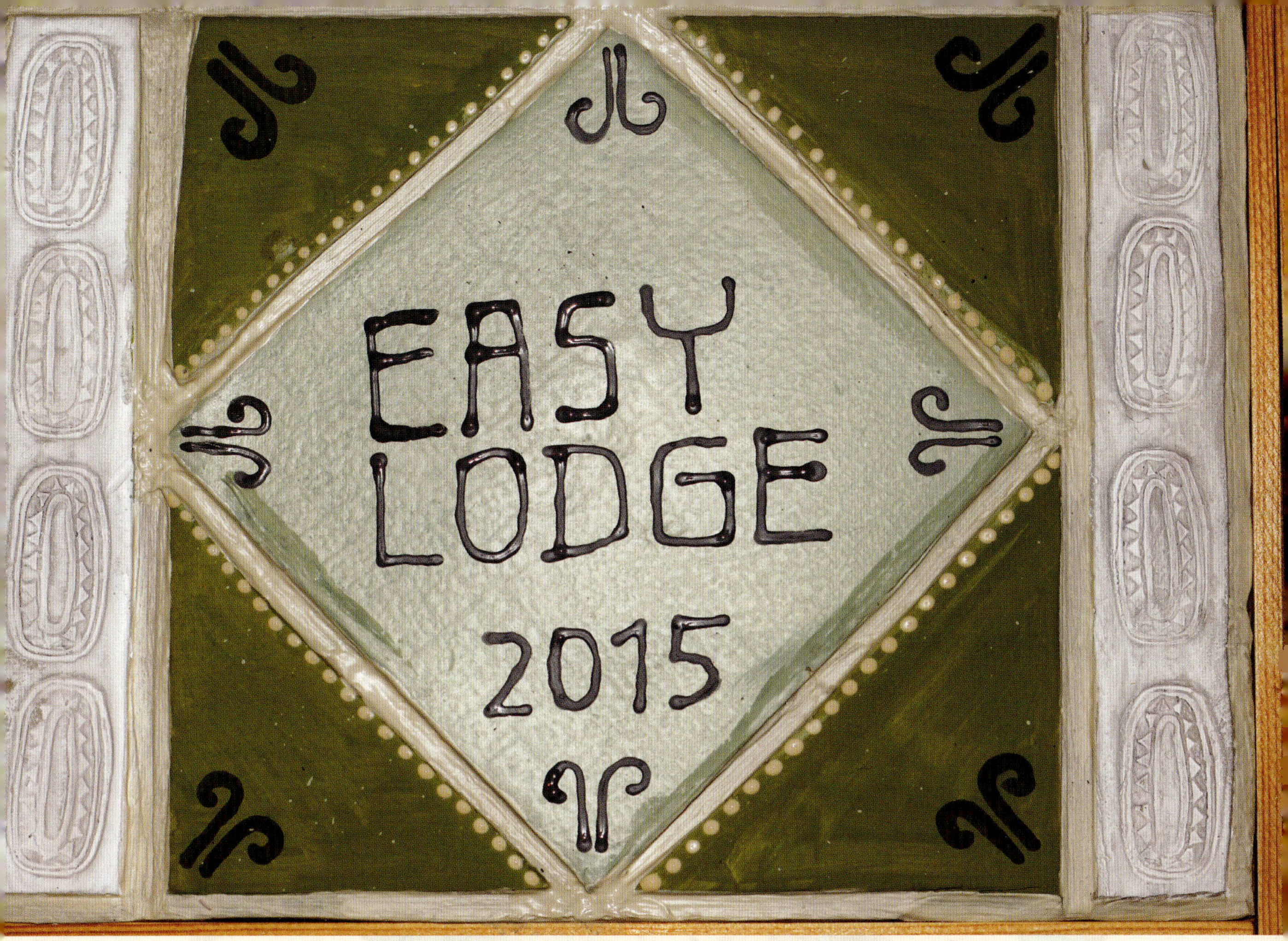

EASY
LODGE
2015

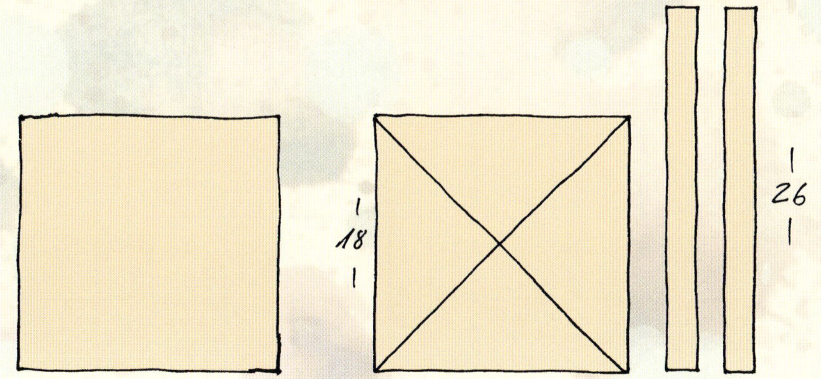

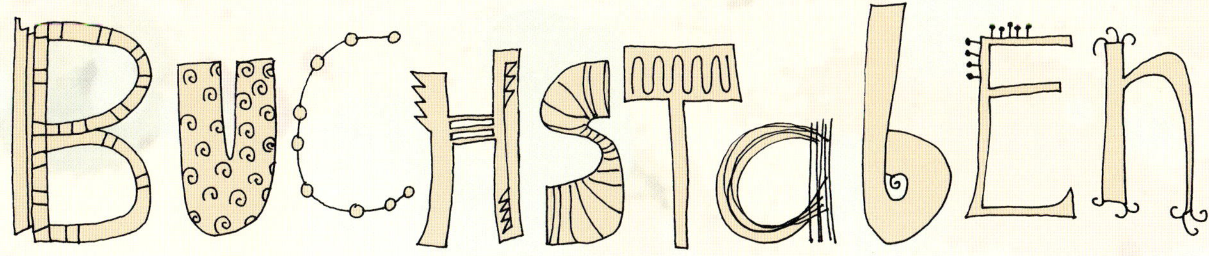

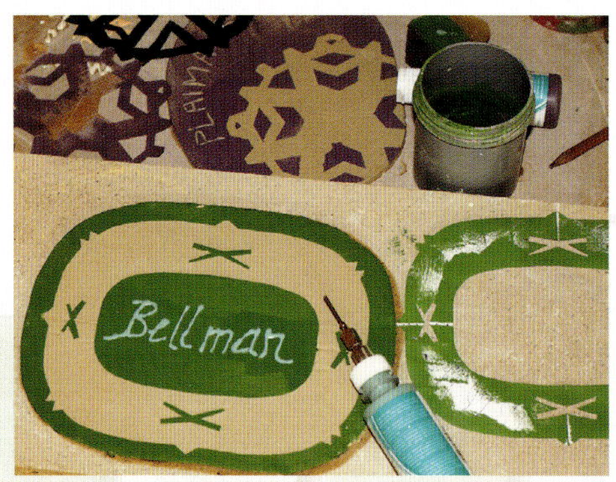

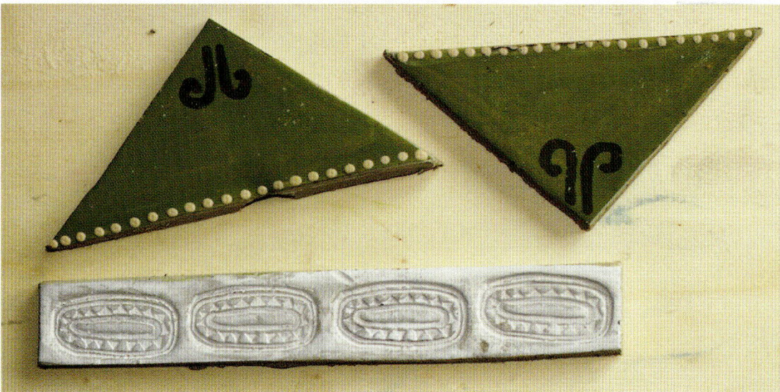

So wird's gemacht – Namensschild

- Leicht schamottierten hellen ***Töpferton*** zu einer 4-5 mm starken gleichmäßigen Platte ausrollen.
- Zwei je 18 x 18 cm große Quadrate mittels ***Lineal*** markieren und ausschneiden. Eines davon diagonal in vier gleich große Dreiecke teilen.
- Zusätzlich zwei Randstreifen von je 26 cm Länge und etwa 3 cm Breite zuschneiden. Streifen mit ***Stempeln*** oder ***Haushaltswerkzeugen*** strukturieren.
- Fliesen mit ***Engobe*** überziehen und mit ***Malhorn/Malfläschchen*** mit dunkler Engobe beschriften. Dreieckfliesen mit dem ***Pinsel*** mustern.
- Alle Fliesen brennen und hauchdünn mit farbloser ***Mattglasur*** glasieren.
- Fliesen mit ***Fliesenkleber*** auf ein passendes ***Holzbrett*** samt Rahmen aus ***Holzleisten*** kleben. Etwa 5 mm breite Fugen lassen. Nach dem Antrocknen Fugen mit ***Fugenmasse*** füllen. Abschließend gesamte Fliesenfläche mit einem feuchten ***Schwamm*** gut reinigen.

Tipp

Kacheln in Normgröße (15 cm Seitenlänge) sind auch als geschrühte Rohlinge erhältlich. Mit dem Fliesenschneider werden sie vor oder nach dem Glasurbrand in passende Segmente geteilt und mit Unter-, Flüssig- und Strukturglasuren bemalt.

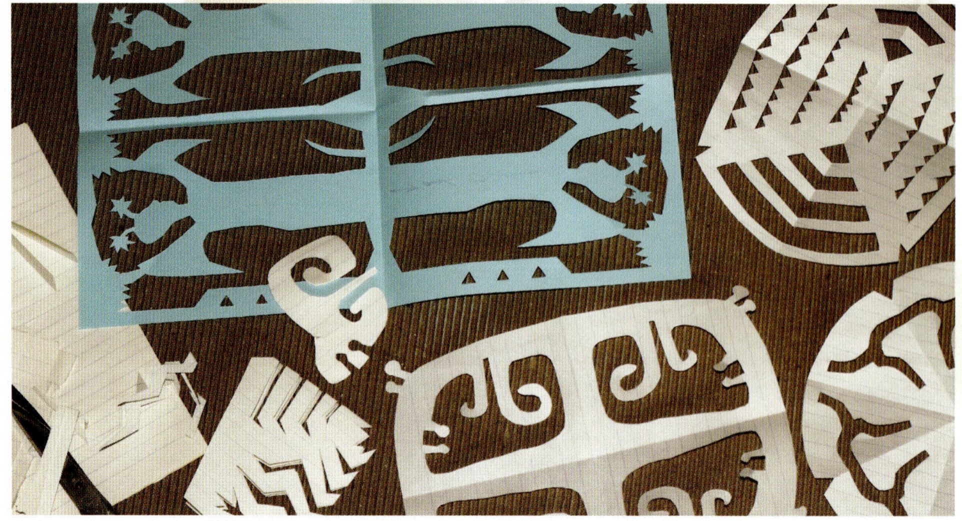

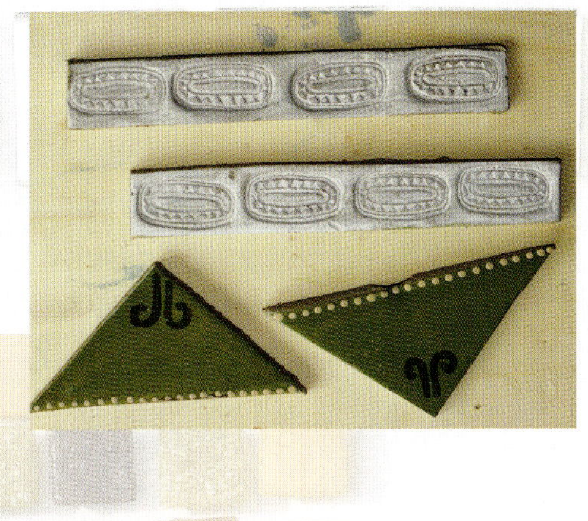

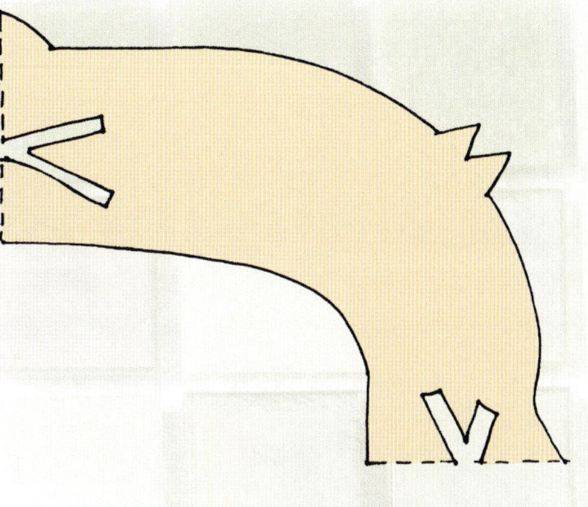

Ein Viertel der Musterschablone für die Kachel auf Seite 58 links oben

Papierschablonen

Symmetrische Ornamente passen gut als Hintergrund zu Namensschildern und Dekorfliesen. Für vierfach symmetrische Schablonen das Papier doppelt falten, siehe Skizze. Für Sterne und Ringe ein rundes Blatt drei- oder vierfach wie für „Tortenstücke" falten. An Knickkanten und Flächen mit Schere oder Cutter Fenster ausschneiden. Schablone auf den feuchten Ton legen, überrollen, vorsichtig mit Unterglasurfarben, Engoben oder Farbkörpern überstreichen und mit einem Schwammstück gleichmäßig glatt tupfen. Für deckende Muster muss die Engobe doppelt aufgetragen werden. Wer es schnittiger möchte, legt nur einen Teil des Musters seitlich auf.

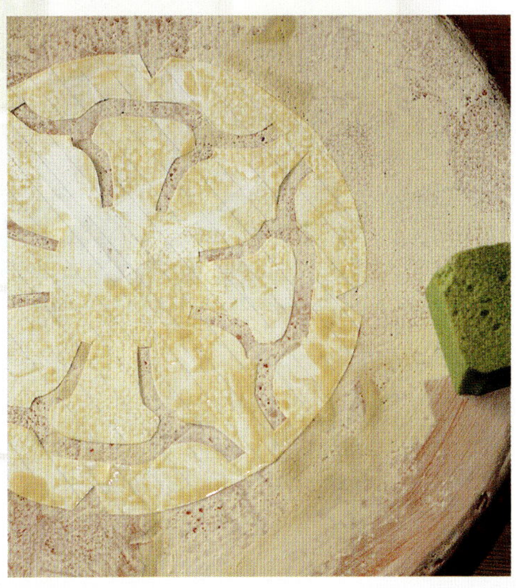

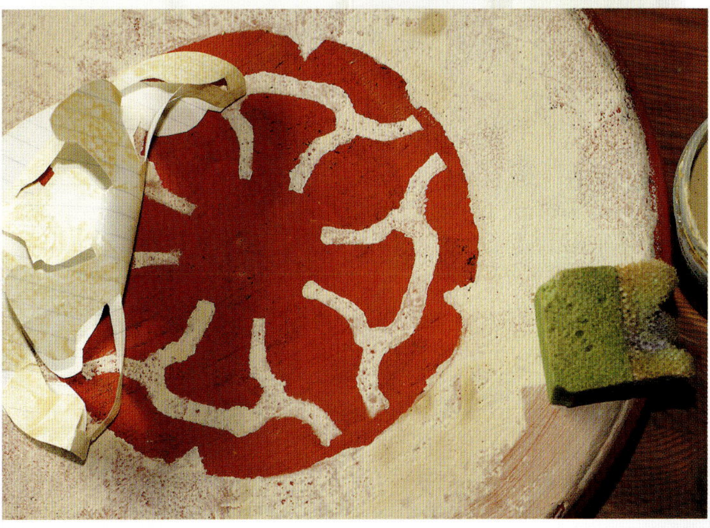

PROJEKT 12

Schalenset: Malerei- und Aquarelleffekte

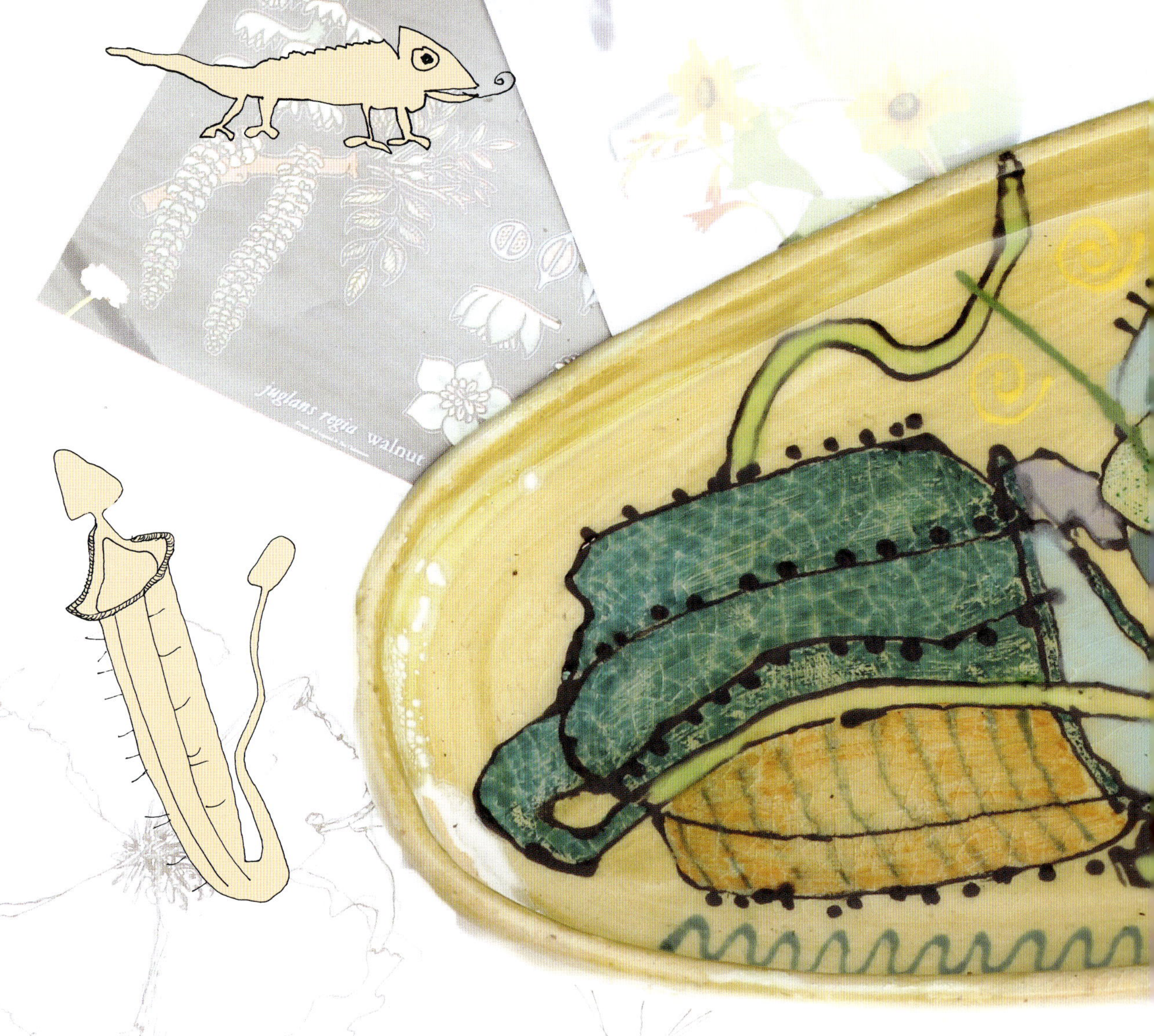

Waren in Projekt 3 die Blümchen klein und zierlich, treten Tiere und Pflanzen hier vergrößert ins Bild, füllen den Hintergrund aus oder fließen sogar darüber hinaus. Ungewohnte Ausschnitte, interessante Einblicke und farbliche Verfremdungen werden direkt unter oder in die rohe Glasur gemalt. Großformatige Blüten sind nach der beschriebenen Kopiermethode einfach zu gestalten. Dekorfarben und Glasuren erlauben deckende oder lasierende Optik.

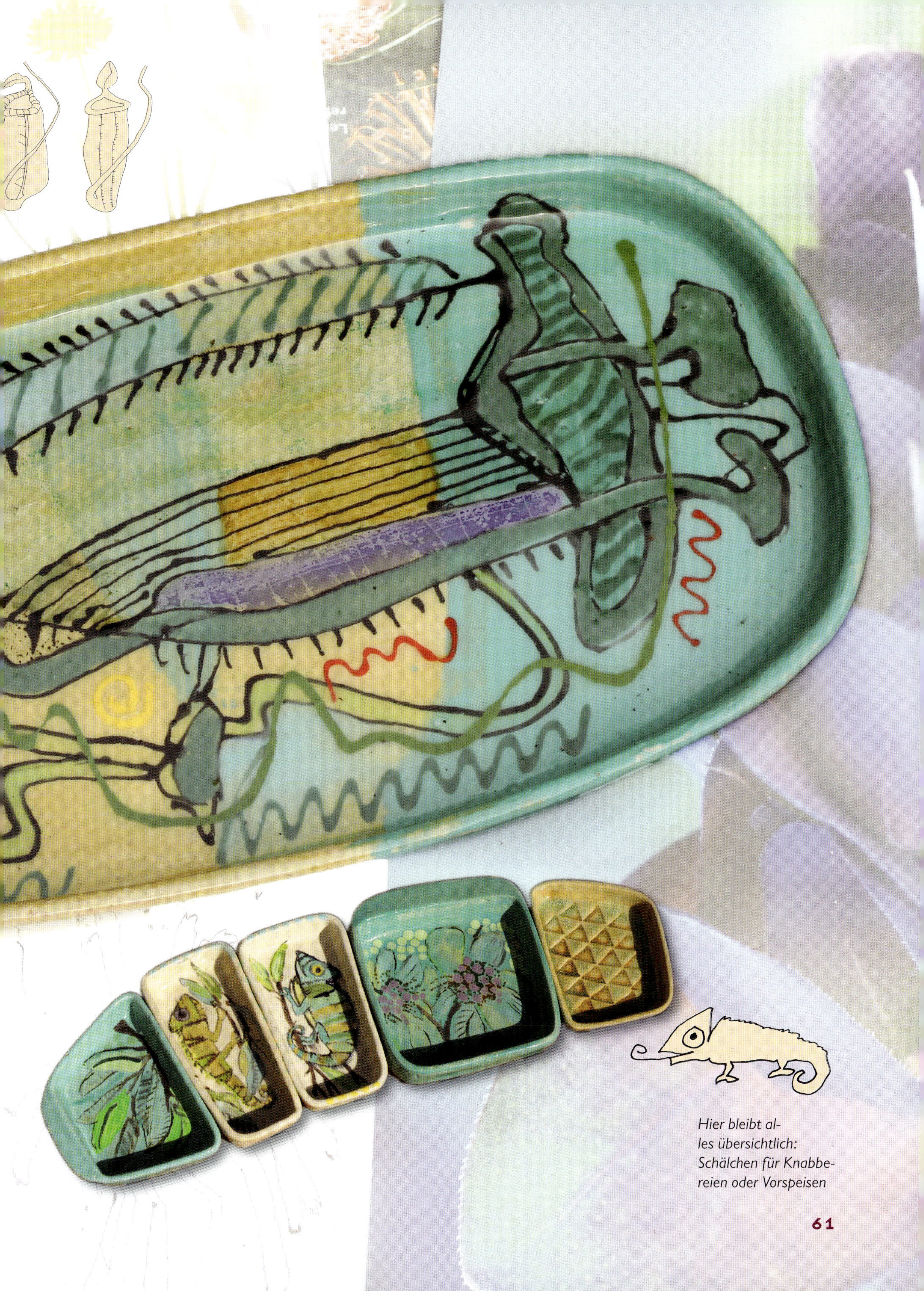

Hier bleibt alles übersichtlich: Schälchen für Knabbereien oder Vorspeisen

Formgebung mit Plattentechnik

Matte Engobe und Unterglasurfarben werden nach dem Schrühbrand transparent glasiert.

Bemalen der rohen trockenen Glasurschicht mit Struktur- und Flüssigglasuren und Dekorfarben

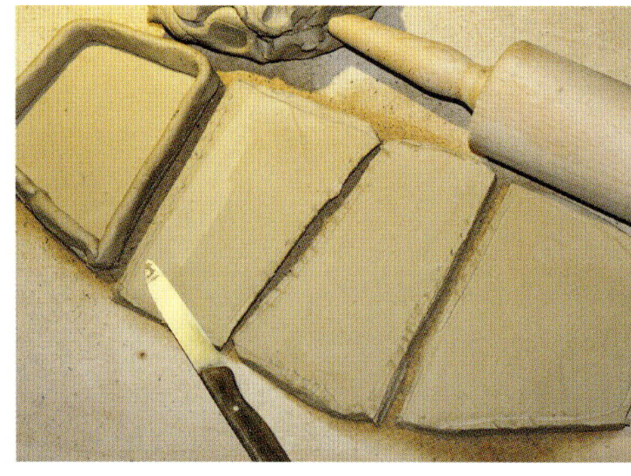

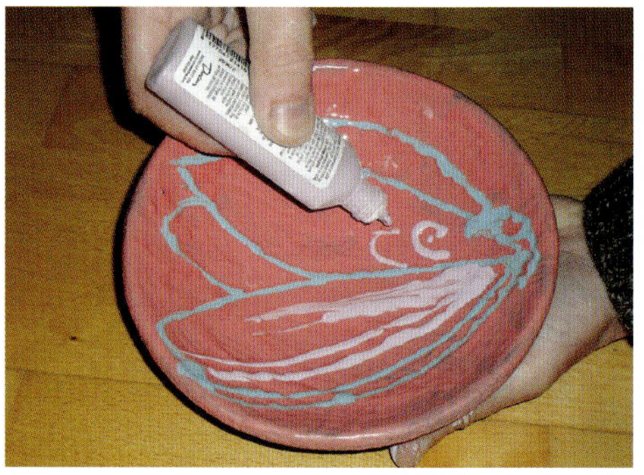

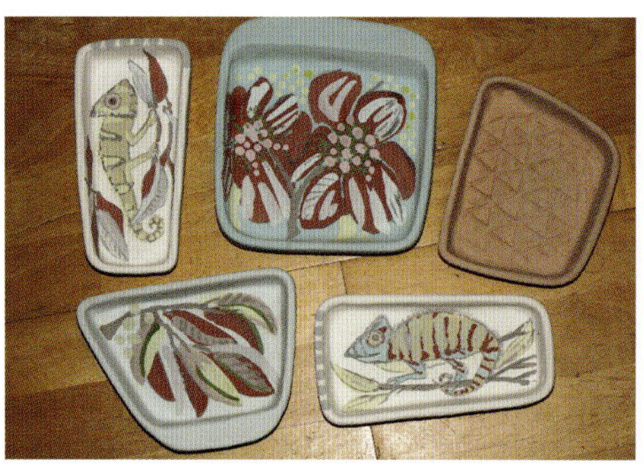

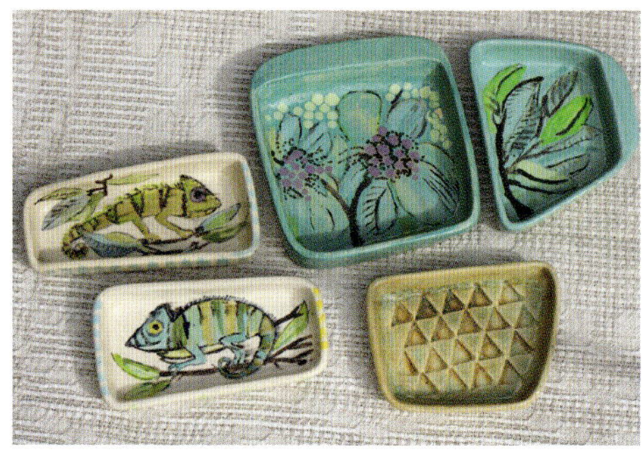

So wird's gemacht – **Schalen töpfern**

- Rechtecke als Schnittmuster für die Schälchen aus ***Papier*** schneiden. Die Beispiele sind etwa 20 cm breit und so aufeinander abgestimmt, dass sie sich zu einer harmonischen Reihe anordnen lassen.
- Leicht schamottierten hellen ***Töpferton*** auf einem glatten ***Leintuch*** zu 4 mm starken gleichmäßigen Platten ausrollen.
- Mittels der Schablonen Bodenplatten für die Schalen aus den Tonplatten schneiden.
- Mit 3-4 cm breiter ***Holzleiste*** als „Schablone" gleichmäßige Tonstreifen für die Schalenwände aus den Tonplatten zuschneiden. Alle Teile etwas anziehen lassen, bis sie nicht mehr kleben, sich aber noch biegen lassen.
- Alle Verbindungsstellen (seitliche Kanten der Bodenplatten, untersten Bereich der Seitenstreifen) mit einer ***Gabel*** aufrauen und mit etwas ***Tonschlicker*** einstreichen.
- Boden mit Wandstreifen verbinden: Aufgerauten Streifen stehend von der Seite her rundum fest an die Seitenkante des Bodens andrücken. Wo beide Enden zusammentreffen, passend abschneiden und ebenso verbinden.
- Naht im Schaleninneren rundum mit Fingern oder ***Modellierholz*** glätten. Mit einem dünnen Tonwürstchen rundum verstärken und dieses glatt verstreichen.
- Weitere Tonstreifen waagrecht als Griffe angarnieren.
- Mit der Holzleiste nochmals die Seiten von außen rundum einheitlich glatt pressen.
- Eine der Schalen innen mit mit einem ***dreieckigen Holzklotz*** o.Ä. strukturieren und später einfarbig glasieren.

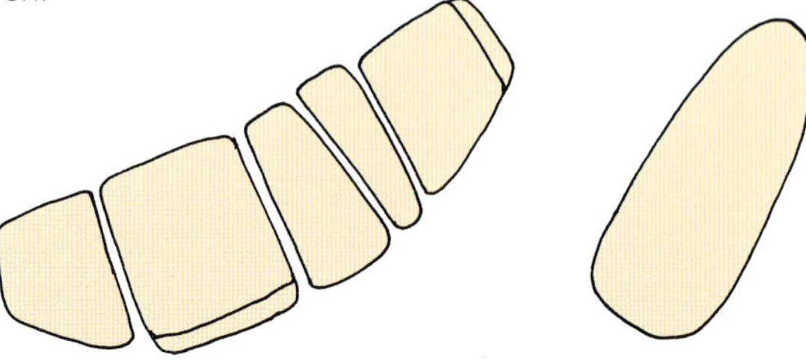

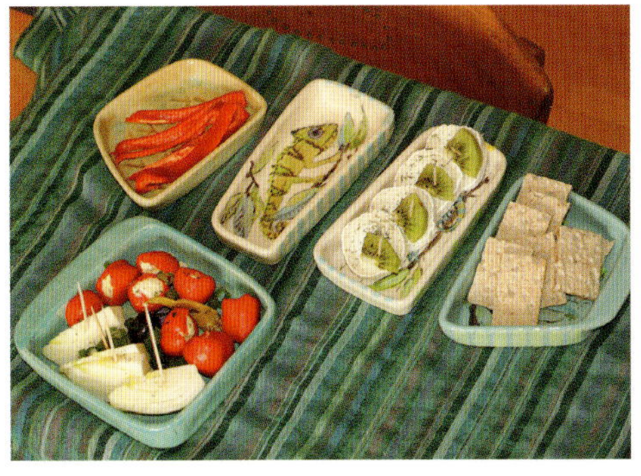

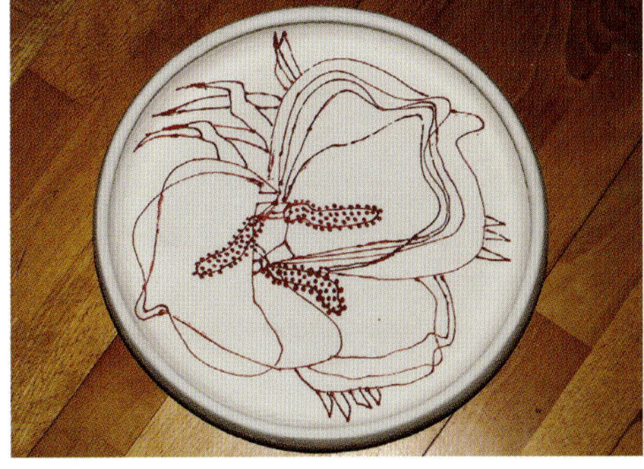

Fotomotive mit Marker auf Plastikfolie oder mit Bleistift auf Pergamentpapier kopieren

Lang-ovale Schale: Unterglasurmalerei mit Engoben, Unterglasurfarben und Dekorfarben

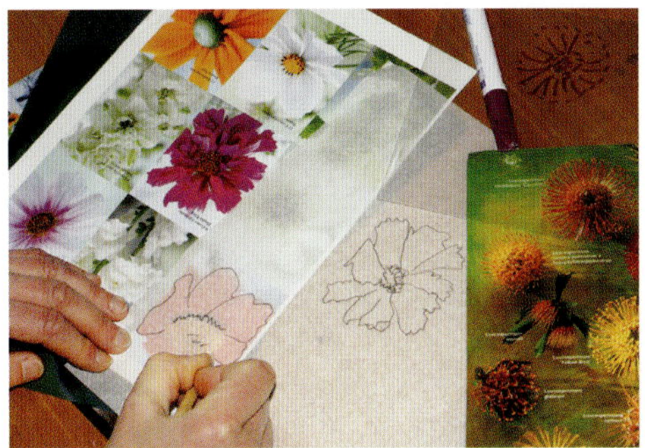

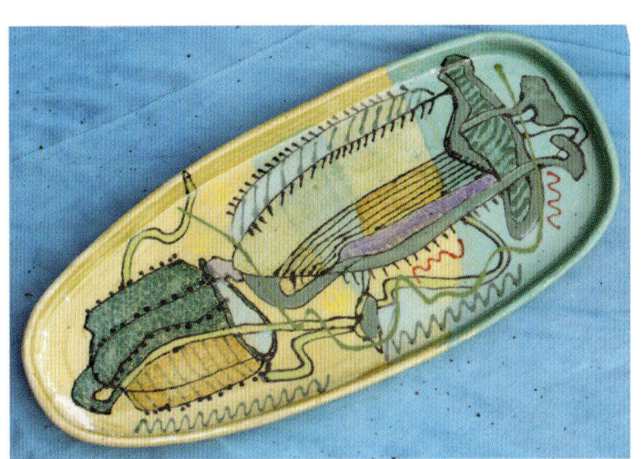

So wird's gemacht – **Dekorvarianten**

- Motive aus ***Illustrationen*** kopieren: ***Transparentpapier*** auflegen, Konturen mit ***Bleistift*** nachzeichnen. Wenn nötig verkleinert/vergrößert fotokopieren.
- Chamäleons: Kopie auf den lederharten Schalenboden legen, Konturen mit der ***Töpfernadel*** nachziehen. Flächen mit ***Unterglasurfarben*** oder ***Engobe*** ausmalen.
- Alle Schalen langsam trocknen lassen und schrühen.
- Nach dem Schrühbrand weitere Details für Chamäleons mit ***Bleistift*** andeuten und mit ***Dekorfarben/Unterglasurfarben*** ausmalen. Für Linien eignen sich feine spitze ***Pinsel***, für größere Felder breite flache. Erst die Flächen ausführen und trocknen lassen, dann die feinen Konturlinien ergänzen.
- Trocknen lassen und farblos glasieren.
- Türkise Schalen mit Blumenmustern: Geschrühte Schälchen komplett mit zwei Lagen ***Türkisglasur*** glasieren und trocknen lassen. Vorlage für die Blüten (siehe oben) auflegen und mit der ***Töpfernadel*** nachfahren, bis die Linien in der Glasurschicht gerade eben sichtbar werden. Konturen und Flächen mit dünnflüssiger ***Dekorfarbe*** oder ***Flüssigglasuren*** nachmalen und brennen.
- Ovale Platte: Konturen auf dem lederharten Rohling mit schwarzer ***Engobe (Malfläschchen mit Kanüle)*** vorzeichnen, Felder teilweise mit ***Unterglasurfarben*** ausfüllen. Nach dem Schrühbrand transparent glasieren und einzelne Musterfelder zusätzlich mit ***Farbglasuren*** abtönen.

Wir bedanken uns herzlich bei allen, die großzügig Tipps, Anregungen sowie Proben aus ihrem Sortiment beigesteuert haben: speziell bei Frau Spener (Botz GmbH Glasuren), Frau Kraft (Keramikstudio (annette), Duncan-Vertretung), Herrn Kallisch (Reimbold und Strick GmbH, Welte-Glasuren), Herrn Dimter und seinem Team (Pyrotec Brennofenbau GmbH Osnabrück), Pinsel Leonhardy (Nürnberg) sowie Keramikstudio Krottenthaler Nürnberg (www.toninmeinerhand.de).

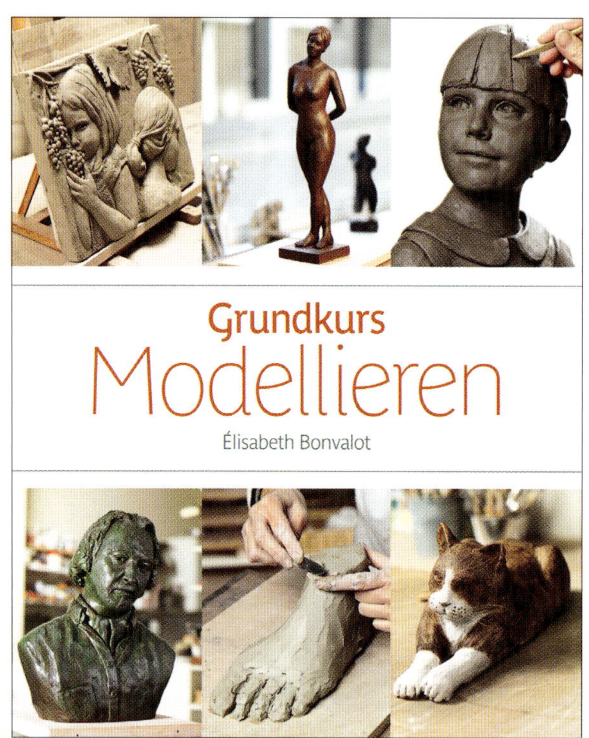

ISBN 978-3-936489-47-7

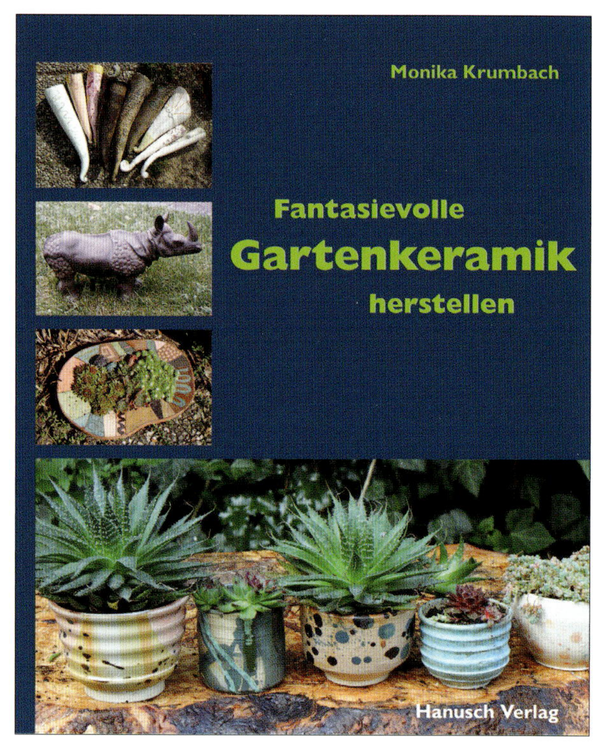

ISBN 978-3-936489-38-5

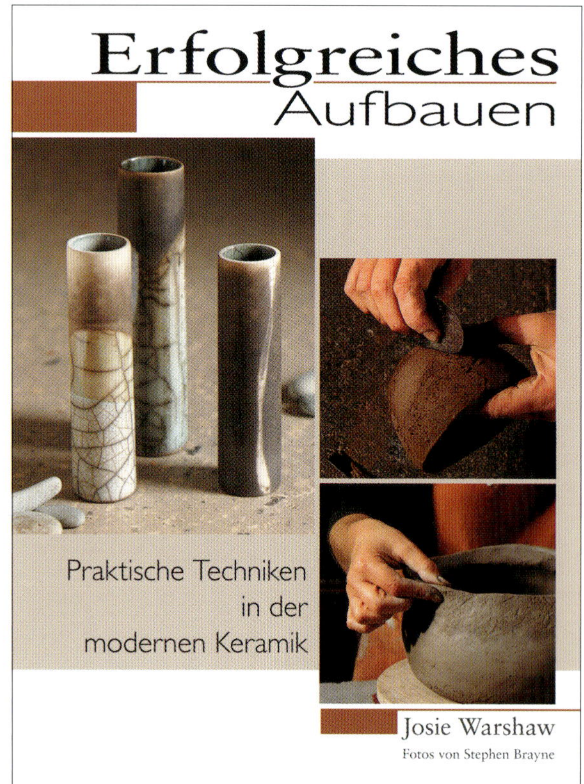

ISBN 978-3-936489-40-8

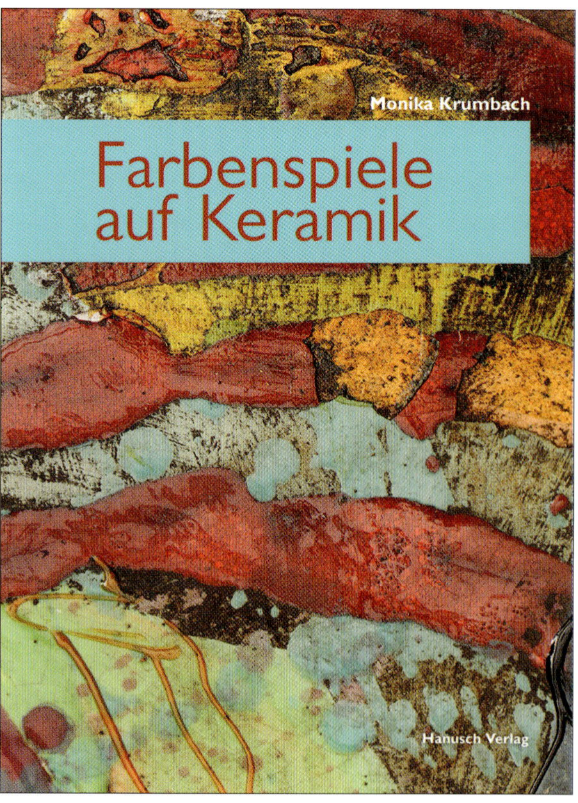

ISBN 978-3-936489-53-8